I ♥ love Pasta

Barilla

I LOVE PASTA

EINE ITALIENISCHE LIEBESGESCHICHTE IN 100 REZEPTEN

WHITE STAR VERLAG

HERAUSGEGEBEN VON

ACADEMIA BARILLA

GRUSSWORT

GUIDO, LUCA UND PAOLO BARILLA

VORWORT

MASSIMO MONTANARI

EINLEITUNGEN

GIANLUIGI ZENTI

HISTORISCHE TEXTE

GIANCARLO GONIZZI

TEXTE ÜBER GASTRONOMIE

MARIAGRAZIA VILLA

REZEPTE

CHEF MARIO GRAZIA
CHEF MARCELLO ZACCARIA

FOTOGRAFIEN

ALBERTO ROSSI
CHEF MARCELLO ZACCARIA
CHEF STEFANO LODI

KOORDINATION ACADEMIA BARILLA

CHATO MORANDI
CHIARA PISANO
ILARIA ROSSI

GRAFISCHE GESTALTUNG CLARA ZANOTTI

We ♥ love Pasta

Barilla wurde mit der Pasta geboren...wir wurden mit der Pasta geboren.
Aus der Küche unserer Großmutter gelangte man direkt in die Pastafabrik. Der Duft der Produktion erfüllte die Zimmer und das Viertel. Ein warmer, mütterlicher Duft, der nach Korn roch. Für uns steht die Pasta für Wurzeln, Familie und unsere eigene Identität. Gleichzeitig ist es wunderbar, bei ihrer Entwicklung dabeizusein und sie jeden Tag aufs Neue wiederzuerkennen, wie ein ewiges Lebensmittel, das für alle da ist: das Lebensmittel von heute und auch von morgen. Die Pasta ist in der Tat Tausende von Jahren alt und doch erneuert sie sich ständig und ist in der Lage, der Entwicklung des Menschen über Generationen und geographische und kulturelle Grenzen hinweg zu folgen. Unmöglich, sie nicht zu lieben. Die Pasta ist perfekt, weil sie so einfach ist: Nur aus Grieß und Wasser hergestellt, trägt sie den guten Geschmack und die Energie der Erde und der Sonne in sich. Sie ist gesund und erschwinglich und in der Lage, Familien und Menschen jeden Alters an den bescheidensten Tafeln oder mit den ausgefeiltesten Menüs zusammenzubringen.
In Italien werden über 300 Sorten davon hergestellt. Jede Gemeinde hat ihre lokale Version, einen besonderen Namen, ein spezielles Rezept für jede Sorte, mit Tausenden von Varianten je nach Tradition, Jahreszeit und geographischer Lage und dem Klima des Gebiets: mehr Fisch, Gemüse, Kräuter wie Oregano, Minze oder Fenchel im Süden, mehr Käse und Fleisch im Süden. Es wäre unmöglich die Vielfalt dieses gastronomischen und kulturellen Erbes in wenigen Zeilen, in einer Rezeptsammlung oder einer ganzen Enzyklopädie abzuhandeln, weil die Pasta lebendig ist: Sie verändert sich mit dem Fluss des Lebens der Menschen ständig, in dem Moment selbst, in dem man sich daran macht, sie zuzubereiten und sie nach der Eingebung des Moments zu würzen.
Und doch machen genau die Vielseitigkeit, die unglaubliche Anpassungsfähigkeit an unterschiedliche Zutaten in unendlichen Geschmackskombinationen aus der Pasta, ein so spezielles und modernes Lebensmittel. Sie ist italienisch, doch sie gehört der Welt.
Unser Traum heute ist es, dass in jedem Winkel des Globus alle Personen den Genuss der Pasta in dem Bewusstsein erleben können, dass immer eine perfekte Pasta auf sie wartet. Mehr als um einen Traum handelt es sich um eine echte Überzeugung, aus der heute dieses Buch entsteht. Eine Rezeptsammlung, um die Pasta noch besser kennen und lieben zu lernen, um bei der Entdeckung dieses Vergnügens anhand echter italienischer Rezepte, die jedoch durch Vorschläge der lokalen Vorlieben bereichert werden, eine Anleitung zu bieten: Pasta und Fajolada in Brasilien, Pasta und "Meat balls" in den Vereinigten Staaten, usw., weil die Pasta allen am Herzen liegt und damit jeder sie immer noch ein wenig mehr zu seiner eigenen machen kann.

Guido, Luca und Paolo Barilla

PAOLO BARILLA / ***PASTA 24 HOURS***

"Die Pasta steht auf dem Tisch": Fast ein *Jingle*, der von Kindheit an und viele Jahre lang das tägliche Ritual der um den Tisch versammelten ganzen Familie bestimmt hat. Die Zeiten und Umstände ändern sich, doch die Pasta, mein Lieblingsgericht, begleitet mich immer noch und wird für mich zur *Begleitung rund um die Uhr*: Das höchste kulinarische Vergnügen, zubereitet von einem hervorragenden Chef oder die Zufriedenheit, sie selbst oder für wenige Freunde zuzubereiten oder auch als zuverlässige Energiequelle ab den frühen Morgenstunden, um einen langen, dem Sport gewidmeten Tag in Angriff zu nehmen. *Pasta rund um die Uhr* reicht vom Geschmack bis zum Nährwert und den Emotionen, die dieses Gericht zu weitaus mehr als einem einfachen Lebensmittel machen: Ein konstanter Bezugspunkt, der weiterhin der rote Faden der Familiengeschichte, meiner Arbeit und meines Wohlbefindens ist. ***DIE BELIEBTESTE SORTE: SPAGHETTI N° 5***

LUCA BARILLA / ***MEIN WELLNESS-ZENTRUM***

Das Leben verläuft voller Ereignisse, oft voller Überraschungen und unerwarteter Veränderungen. Das Unternehmen, die Zusammentreffen, die Familie - jeder von uns bekommt seinen Anteil an Gefühlen, Entscheidungen und Verantwortungen. Doch seit ich geboren wurde, gibt es einen Fixpunkt: die tägliche Verabredung mittags um halb eins. Das Zusammentreffen mit meiner Familie, die Freude an der Gemeinsamkeit und die Pasta, eine Sicherheit: gut, gesund, befriedigend. Seit jeher die Quelle meines Wohlbefindens.
DIE BELIEBTESTE SORTE: CASARECCE

GUIDO BARILLA / ***EXPERIMENTE IM FAMILIENRITUAL***

Die Pasta ist ein Gericht für alle: Sie gehört dem König und den Armen. Ihre Einfachheit und ihre Vielseitigkeit machen sie einzigartig, ein jeden Tag aufs Neue entdecktes Vergnügen. Aus diesem Grund ist sie die Hauptperson meines täglichen Familienrituals. Jede Gelegenheit, sich bei Tisch zu versammeln, zusammen mit den Kindern, wird zum Moment des Experiments: Die Rangliste der Lieblingssorten, die Auswahl der besten Kombination von Pasta und Sauce werden zu Übung und Spielerei. Ein weiteres Mal Verbindungselement zwischen Generationen, der Stoff aus dem die Gefühle in unserer Erinnerung sind. ***DIE BELIEBTESTE SORTE: FUSILLI***

WIE DER TEIG ZUM LEBENSMITTEL WURDE

Professor
MASSIMO MONTANARI

SEITE 6 / 1949: Das Geschäft von Barilla in Cremona.

Der Teig ist vielleicht eine Erfindung der Antike, doch lange Zeit blieb er schwer "vorstellbar". Das mediterrane Lebensmittelgefüge verwendete in der Tat Getreidemehl nach zwei entgegengesetzten Schemata: entweder wurde es mit Wasser vermischt und in der trockenen Wärme des Ofens gegart oder auf einer glühenden Oberfläche (das Modell von Brot, Pizza und Fladen) oder aber sie wurde trocken in der feuchten Wärme des Wassers zubereitet (das Modell der Polenta). Das Grundprinzip der antiken Diät, auf dem die Kochvorgänge basierten, war die Suche nach einem Gleichgewicht zwischen der Qualität der Lebensmittel, die nach dem doppelten Gegenüber von kalt/warm und trocken/feucht unterteilt wurde. Das Trockene mit dem Feuchten im Gleichgewicht zu halten war der Gedanke, der dem Einsatz des Ofens (d. h., des Trockenen) für die feuchten Mischungen zugrunde lag und dem Kochen, (d. h. des Feuchten) für das trockene Mehl. Innerhalb dieses Systems hatte der Teig Mühe, ihren Platz zu finden: die Mehl-Wasser-Mischung war Teil der ersten Methode, das Kochen in Wasser Teil der zweiten. Es bedurfte der Erfindung der trockenen Pasta, um die Idee einer in Wasser oder Brühe gekochten Mischung entschiedenermaßen "denkbar" zu machen. Doch dies geschah nicht vor dem Mittelalter, als das Trocknen der Pasta - ein ursprünglich arabischer oder in jedem Fall ein Brauch aus dem Mittleren Orient - sich auch im Westen verbreitete, insbesondere in Italien, ausgehend vom Sizilien mit arabischer Tradition. 1152 zeichnet der Geograph Edrisi auf, dass in Trabìa, in der Nähe von Palermo, "so viel Pasta hergestellt wird, das diese überall hin exportiert wird, nach Kalabrien und in andere moslemische und christliche Länder und davon viele Schiffsladungen versandt werden". Dieses Zeugnis lässt auch die Berufung der Pasta zum industriellen Produkt erkennen: Sobald sie getrocknet ist, kann sie konserviert, eingelagert und transportiert werden. Zu Beginn des 12. Jahrhunderts taucht unter den Lebensmitteln der Seeleute auf Reisen oder den Märkten der Hafenstädte wie Genua, Bari und Neapel die Pasta auf. Es öffnet sich ein neues Kapitel dieser Geschichte: Die Pasta ist nicht länger ein Lebensmittel unter vielen, eine sporadische und gelegentliche Erscheinung (wie es in der antiken römischen Küche der Fall gewesen war), sondern wird eine eigene "Kategorie", die nach und nach entsteht und unterschieden wird. Mit der Zeit nimmt diese "Kategorie" Gestalt an, die Sorten vervielfältigen und unterscheiden sich und jede verlangt nach einem Namen. Großen Erfolg hat auch die gefüllte Pasta, die ebenfalls eine Erfindung des Mittelalters ist. Ein weiterer Grund ihres Erfolgs ist, dass die Pasta zu den "mageren Speisen" gezählt wird, die geeignet sind, an den (zahlreichen) Tagen, an denen die Kirche den Fleischkonsum verbat, dieses zu ersetzen. Es ist kein Zufall, dass eines der ältesten Verzeichnisse der Pastasorten ein Text aus dem Jahr 1636 ist, ein Werk von Paolo Zacchia, das der *Kost in der Fastenzeit* gewidmet ist: Hier ist zu lesen, dass "sie voneinander verschieden sind, je nachdem, ob der Teig trockener oder frischer ist und außerdem ob sie dicker oder schmaler sind; sie werden aus Weizenmehl hergestellt oder aus anderem Mehl. Es gibt die verschiedensten Formen, denn einige sind rund, wie die, die Vermicelli oder Maccheroni genannt werden und von diesen sind einige innen hohl und einige nicht, andere sind breite und flach, wie die Lasagne, andere wiederum klein und rund, wie die, die Millefanti genannt werden, andere sind flach, doch schmal in Form von Bändern, die allgemein Tagliolini genannt werden, andere sind kurz und dicklich und sie nennen sie Agnolini, andere länger und dicker und werden Gnocchi genannt und es gibt noch tausend andere Formen, die jedoch wenig dazu beitragen, ob sie mehr oder weniger gesund sind". Eine entscheidende Wendung erfolgt genau in diesen Jahren in Neapel, wo die Pasta (die bisher als Spezialität geschätzt wurde) zum ersten Mal zum wirklichen Lebensmittel wird, das die städtische Bevölkerung ernährt. Dies geschieht durch das Zusammenspiel verschiedener Faktoren: Auf der einen Seite der Mangel an traditionellen Versorgungsquellen (Fleisch und Gemüse), die die wirtschaftlichen Schwierigkeiten der Epoche, die durch die spanische Missherrschaft noch verschlimmert werden, für die Masse der Bevölkerung unerschwinglich machen, auf der anderen der immer günstigere Preis der Pasta im Anschluss an einige Erfindungen (die mechanische Knetmaschine und das Bronze-Zieheisen), die ihre Herstellung billiger machen. Zuerst in Neapel und dann in anderen Städten des Südens wird die Pasta für viele *das* Lebensmittel par excellence, der Mittelpunkt der täglichen Ernährung. Im 19. Jahrhundert verbreitet sich das Modell im Norden, auch dank der Vermittlerrolle von Pellegrino Artusi, der in seiner Rezeptsammlung (1891) die Pasta als "Nationalgericht" aufnimmt. In der Zwischenzeit trägt eine Masse von Auswanderern das Bild des italienischen "Macheroni-Essers" in die Welt hinaus und erhöht den Bekanntheitsgrad des Produkts und fördert auch im Ausland die Entwicklung der Pastaindustrie und des Pastaverkaufs. In der zweiten Hälfte des 20. Jahrhunderts hat der Boom der so genannten "Mittelmeerdiät" dem Produkt neues internationales Prestige verliehen, damit sein Ansehen erhöht und den Genuss auf die Ebene der Qualität verlegt.

DIE ZAUBEREI DER PASTA

GIANLUIGI ZENTI
Direktor von Academia Barilla

Die Pasta ist immer aufs Neue ein Vergnügen. Dank der unglaublichen Vielfalt der erhältlichen Sorten und der ebenso großen Auswahl an Saucen, mit denen diese kombiniert werden können, ist sie wie ein Zauberkasten. Man muss nur ein noch so kleines Element ändern wie die Krümmung einer Sorte oder ein Aroma in der Sauce, und schon wird alles anders. Es reicht, einen Schritt bei der Zubereitung oder ein Detail beim Kochvorgang zu ändern, und schon wird alles anders. Man braucht nur die Art, wie sie serviert und auf dem Teller angerichtet wird, zu verändern, zum Beispiel, indem die Sauce als Spiegel auf den Tellerboden gießt, anstatt sie unter die Pasta zu mischen, und schon wird alles anders. Kurz gesagt, die Pasta ist von Natur aus ein Meisterwerk der Magie: einfach, doch in der Lage, großes Erstaunen hervorzurufen, und das nicht nur für den Gaumen, sondern für alle Sinne. Wie jede Zauberei, die diesen Namen verdient, hat jedoch auch die Pastaküche ihre kleinen Tricks. Zuallererst gibt jede Sorte nur mit bestimmten Saucentypen ihr Bestes und passt nicht unterschiedslos zu allen. Nicht umsonst gewinnt die Pasta in der italienischen Küchentradition ihren Charakter nicht durch die Sauce allein, sondern auch durch die glückliche Kombination mit einer bestimmten Sorte. Im Allgemeinen passen die verspielteren und fröhlicheren Sorten wie die Farfalle besser zu frischen und leichten Saucen wie solchen mit Gemüse oder Fisch. Die reineren und struk-

turreicheren Sorten wie Tortiglioni oder Bucatini nehmen es mit robusten Saucen auf wie Fleischragout oder einer Amatriciana. Kräftige Sorten wie Paccheri oder Ziti sind ideal für Saucen, die Eleganz und gehaltvollen Inhalt miteinander verbinden, während die einfacheren und alltäglicheren wie die Mezze Maniche sich für praktische und schnelle Saucen eignen. Sorten mit poröser oder gerillter Oberfläche nehmen flüssigere Saucen besser auf, während solche mit glatter Konsistenz perfekt mit cremigeren Saucen harmonieren. Außerdem sind Eiernudeln mit Saucen aus Butter, Milch oder Sahne hervorragend, während die aus Hartweizengrieß auch mit „schlankeren" und weniger cremigen Kombinationen köstlich sind.
Und weil es eben für jede Sorte die Sauce der Wahl gibt, möchte Academia Barilla, das internationale Zentrum, das sich der Verbreitung der italienischen Kochkultur verschrieben hat, die außerordentliche Vielfalt der Sorten zur Geltung bringen, die jedes Gebiet der Halbinsel im Laufe der Jahrhunderte hervorgebracht hat. Die Reihe „Barilla Regionali" bietet die am meisten geschätzten und verbreiteten an wie die Orecchiette pugliesi, die Trofie liguri, die Casarecce siciliane oder die Reginette napoletane. Denn die Zauberei und der Zauber der italienischen Pasta leben nicht allein von Spaghetti, Penne rigate oder Fusilli. Es gibt noch einen ganzen Sack voller Möglichkeiten, die man genießen kann.

INHALT

KURZE PASTA *SEITE 84*

ÜBERBACKENE PASTA UND EIERNUDELN *SEITE 188*

SUPPENNUDELN *PAG 242*

DER NAME DER PASTA

seit 1877

(Bilder: Historisches Archiv Barilla, Parma)

Die verbindung von Barilla und dem Korn ist wirklich aussergewöhnlich: Bereits 1576 wird in Parma ein Ovidius Barilla, Meister der Backkunst, erwähnt, der ein Vorfahr jener Familie war, die dann im 19. Jahrhundert – in einer Gegend, die heute zu Recht als das *Food Valley* Italiens betrachtet wird, – eine Industrie ins Leben rufen sollte, die dazu bestimmt war, marktführend in der Pasta und dem italienischen Geschmack in der Welt zu werden.

SEITE 15 / 27. JUNI 1913: Das Werk von Barilla, das sich außerhalb der Stadt Parma erhebt.

Barilla hat ihren Ursprung in der Bäckerei, die Pietro Barilla Senior (1845-1912) 1877 in Parma in der Strada Vittorio Emanuele eröffnete. Ein konstantes und stetiges Wachstum kenzeichnet seine Geschichte. 1910 wird das Werk der Barriera Vittorio Emanuele errichtet, das bereits zur damaligen Zeit mit avantgardistischen Maschinen ausgestattet ist. Die Nachfolge Pietros treten die Söhne Gualtiero (1881-1919) und Riccardo (1880-1947) an, der nach dem vorzeitigen Ableben des Bruders 1919 die Zügel des Unternehmens bis 1947 in der Hand hält und, unterstützt von seiner Ehefrau Virginia, das Unternehmen, das technologisch immer auf dem neuesten Stand ist, in einen der bedeutendsten regionalen Pastahersteller Italiens verwandelt. Nach dem zweiten Weltkrieg werden unter Leitung von Pietro (1913-1993) und Gianni (1917-2004), den Söhnen von Riccardo, die Grundsteine für die starke Entwicklung in den 1950er – mit dem Bau des neuen Werks in der Via Veneto 1957 und der Erprobung der kontinuierlichen Produktionslinien – und 1960er Jahren gelegt, die den Bau der Werke von Rubbiano (1965) für Grissini und Zwieback und von Pedrignano (1969) erleben, noch heute die größte Anlage der Welt für die Pasta-Verarbeitung.

MARCA
DEPOSITATA
PASTA ALL'UOVO
BARILLA
G.R.F.lli BARILLA & C.- PARMA

SEITEN 16-17 / 1921: Gruppenfoto der Belegschaft von Barilla, aufgenommen von den Gebrüdern Zambini. In der ersten Reihe mit den im Schoß gefalteten Händen ist Riccardo Barilla zu erkennen. Oben die große Tafel mit dem Warenzeichen des Unternehmens von Ettore Vernizzi, das 1910 eingetragen wurde.

SEITE 18 / 1927: Der Komplex des Werks von Barilla in einem Bild von Alberto Montacchini. Links ist die Pastafabrik mit dem Schornstein gut zu erkennen und rechts ein zweiter Schornstein, der zur Bäckerei gehört.

Dank der während seiner Amerikareise 1951 gesammelten Erfahrung erkannte Pietro Barilla, der bereits seit 1936 im Familienunternehmen arbeitete, intuitiv die Notwendigkeit zu technologischer Innovation. Mit der Einführung einer kontinuierlichen Produktion war er in der Lage, die Qualität des Produkts und die Produktionsleistung der Anlagen bedeutend zu erhöhen. Die hygienische Verpackung, ein neues Vertriebsnetz und die großen Investitionen in die Werbung gestatteten es dem Unternehmen, innerhalb eines Jahrzehnts von der regionalen Ebene auf die nationale Ebene aufzusteigen.

Die glückliche Verbindung mit verschiedenen Vertretern der italienischen Kultur trug bedeutend dazu bei, ein globales Unternehmensbild zu zeichnen. Nachdem das Werk in der Via Veneto (heute Viale Barilla) komplett erneuert und erweitert worden war, so dass ein Ausstoß von ca. 6 000 000 Kilogramm Pasta pro Tag erreicht wurde, gab das Unternehmen aufgrund der überaus großen Nachfrage alle Absichten zu einem weiteren Ausbau dieses Werks auf. Da das vorhandene Grundstück als unzureichend betrachtet wurde, plante man ab den 1960er-Jahren die Verlegung der Produktion in das Gebiet von Pedrignano, unmit-

SEITE 19 / 1964: Die Pastafabrik von Barilla, die nach dem Krieg nach dem Entwurf von Gian Luigi Giordani mit den linearen durchgehenden Fenstern und einer überdachten Fläche von mehr als 24.000 qm wieder aufgebaut wurde.

telbar hinter der Autostrada del Sole. Und genau im Jahr 1960, dem Jahr des Höhepunkts des „Wirtschaftswunders", wird Barilla zur Aktiengesellschaft und schließt mit diesem Schritt ein Jahrzehnt wichtiger Entwicklungen ab.

1970 verkauften Gianni und Pietro Barilla das Unternehmen an die amerikanische Multinationale Grace. Doch 1979 sollte es Pietro Barilla nach verschiedenen Versuchen gelingen, wieder eine Aktienmehrheit an der Gesellschaft zu erwerben und diese bis 1993 auf ein unerwartetes Niveau der Entwicklung und Bekanntheit zu führen. Unter seiner Leitung werden die technologische Weiterentwicklung, der Bau neuer Produktionslinien und neuer Werke und die Durchführung bedeutender Werbekampagnen wieder aufgenommen. Pietro spendet als großer Mäzen der Universität Parma einen Lehrstuhl für Ingenieurwissenschaften (1987), trägt eine beachtliche Kunstsammlung zusammen, die er 1993 anlässlich seines 80. Geburtstags öffentlich ausstellt, und schenkt der Stadt den von Pietro Cascella (1921-2008) geschaffenen Brunnen für eine Piazza von Parma (1994).

SEITE 20: Der Monumentalbereich der Pastafabrik Barilla in Parma, der sich neben der Autobahn Mailand-Bologna erstreckt: erkennbar sind *Disco solare* von Arnaldo Pomodoro und *Cavallo* von Mario Ceroli. Im Hintergrund die Mühle und der große Grießsilo mit dem Warenzeichen des Unternehmens.

Nach seinem Tod 1993 übernehmen die Söhne Guido, Luca und Paolo die Leitung des Familienunternehmens, führen eine tiefgreifende interne Umstrukturierung durch und expandieren auf dem internationalen Markt.

In diese Phase fallen der Erwerb der Pastafabriken Misko (1991) in Griechenland, Filiz (1994) in der Türkei, Yemina und Vesta (2001) in Mexiko und der Bau des ersten Werks zur Pastaherstellung eines italienischen Unternehmens auf amerikanischem Boden, das am 25. Juni 1999 in Ames (IOWA) eingeweiht und 2007 durch die Anlage von Avon (NY) ergänzt wird.

An der Schwelle zum neuen Jahrtausend ist Barilla weltweiter Marktführer bei Pasta und steht in Europa mit den Marken Mulino Bianco (seit 1976) und Wasa (seit 1999) auch bei den Backwaren an erster Stelle. Zur Barilla-Gruppe gehören auch die Marken Voiello (seit 1975) im Pasta-Sektor und Pavesi (seit 1992) bei den Backwaren.

SEITE 21: Der Zufahrtsplatz zu den Büros der Barilla in Parma nach Entwurf des Architekten Vico Magistretti mit der Stahlskulptur *Il nodo* des zeitgenössischen Künstlers Giuliano Vangi.

Vor mehr als 130 Jahren aus einem Brot- und Pastaladen hervorgegangen, ist Barilla heute die erste italienische Lebensmittelgruppe: Sie produziert in 25 Werken (20 in Italien und 5 im Ausland) und betreibt sechs Mühlen, die 70 Prozent ihres Grundstoffbedarfs decken. Seit jeher der Kundenzufriedenheit und dem Schutz von Gesundheit und Natur verpflichtet, hat sich die Marke Barilla in der Welt vor allem dank der Qualität ihrer Produkte durchgesetzt, die das Ergebnis hoher Investitionen in Forschung, Innovation und Technologie und der tief verwurzelten Achtung vor dem Grundstoff und dem Verbraucher sind, ganz nach dem Motto Pietro Barillas: *„Gebt den Leuten das, was ihr euren Kindern geben würdet"*.

Und es ist kein Zufall, dass die Tätigkeit von Barilla im Gebiet von Parma ihren Anfang fand, das aus der gastronomischen Kunst seine Mission gemacht hat: Hier ist der kleine Pastahersteller von einst zu einem der Botschafter der italienischen Küche in der Welt von heute geworden.

DIE TECHNIK DER PASTAHERSTELLUNG

GIANCARLO GONIZZI
Kurator der Gastronomischen Bibliothek der Academia Barilla

ARCHITEKTUR FÜR DEN MUND

Auch der Geschmack hat seine Regeln, und zwar eiserne. Sie entsprechen den Gesetzen, die die Natur uns vorgegeben hat. So ist der Geschmack eines Pastagerichts in entscheidender Weise abhängig von der Form der Nudel und ihrer Fähigkeit und Art und Weise, die Sauce aufzunehmen.

In der Kochkunst wie auch in der Architektur entstehen die wichtigsten Ausdrucksformen anhand von dreidimensionalen Gebilden. Und die Pasta ist de facto Architektur für den Mund.

Das Gehirn erhält Informationen über die Form, die Oberflächenbeschaffenheit und die Konsistenz der Nahrung, doch auch über den Duft, den Geschmack und die Temperatur.

Mit dem Mund allein ist es uns möglich, alle Arten von Pasta zu unterscheiden, ohne sie zu sehen. Und nur im Mund entfalten Sorten, die dem Auge oft ähnlich erscheinen, ihre unterschiedlichen Charakteristika.

Damit diese Charakteristika für den Mund lesbar sind, ist es unerlässlich, dass die Pasta *bissfest* ist.

Unter dem historischen Gesichtspunkt beginnt mit der Kunst der Pasta ebenso eine neue Epoche für die Küche wie mit den ersten Backsteinbauten für die Architektur.

Die ungeheure Vielfalt der vorhandenen Formen ist weitaus mehr als nur ein Vergnügen für den Mund. Diese Formen sind oft Ausdruck der gemeinsamen Herkunft der Pasta und derer, die sie essen. Sie sind eine Art identitätsverleihendes Element eines Volks, eines Gebiets, eines Landes.

DIE FORMEN DES GESCHMACKS

Zu Beginn wurden alle Lebensmittel von Hand hergestellt, mit der Muskelkraft der Arme und genau deshalb waren die einzigen möglichen essbaren Formen der Pasta Gnocchi, Tagliatelle, Tagliolini und Fettuccine. Denn die Pasta wurde, so wie man es heute nur noch zu Hause macht, von Hand geformt oder ausgebreitet, zu einer dünnen Lage gerollt und in mehr oder weniger breite Streifen geschnitten. Spaghetti sind, zumindest im Westen, in Wirklichkeit das Ergebnis einer Maschine, eines Ziehvorgangs, so wie auch alle anderen Sorten den gleichen Maschinen entspringen, die im Lauf der Zeit nach und nach die Auswahl an Pastasorten bereichert haben. Heute gibt es Hunderte von unterschiedlichen Formen, um allen Vorlieben gerecht zu werden. Ihre Entstehung werden wir anhand der Entwicklung der zu ihrer Herstellung notwendigen Technologie zu verfolgen versuchen.

SEITE 23: Innenansicht einer handwerklichen Pastafabrik, in einer Tafel der *Encyclopédie* von Diderot und D'Alembert.

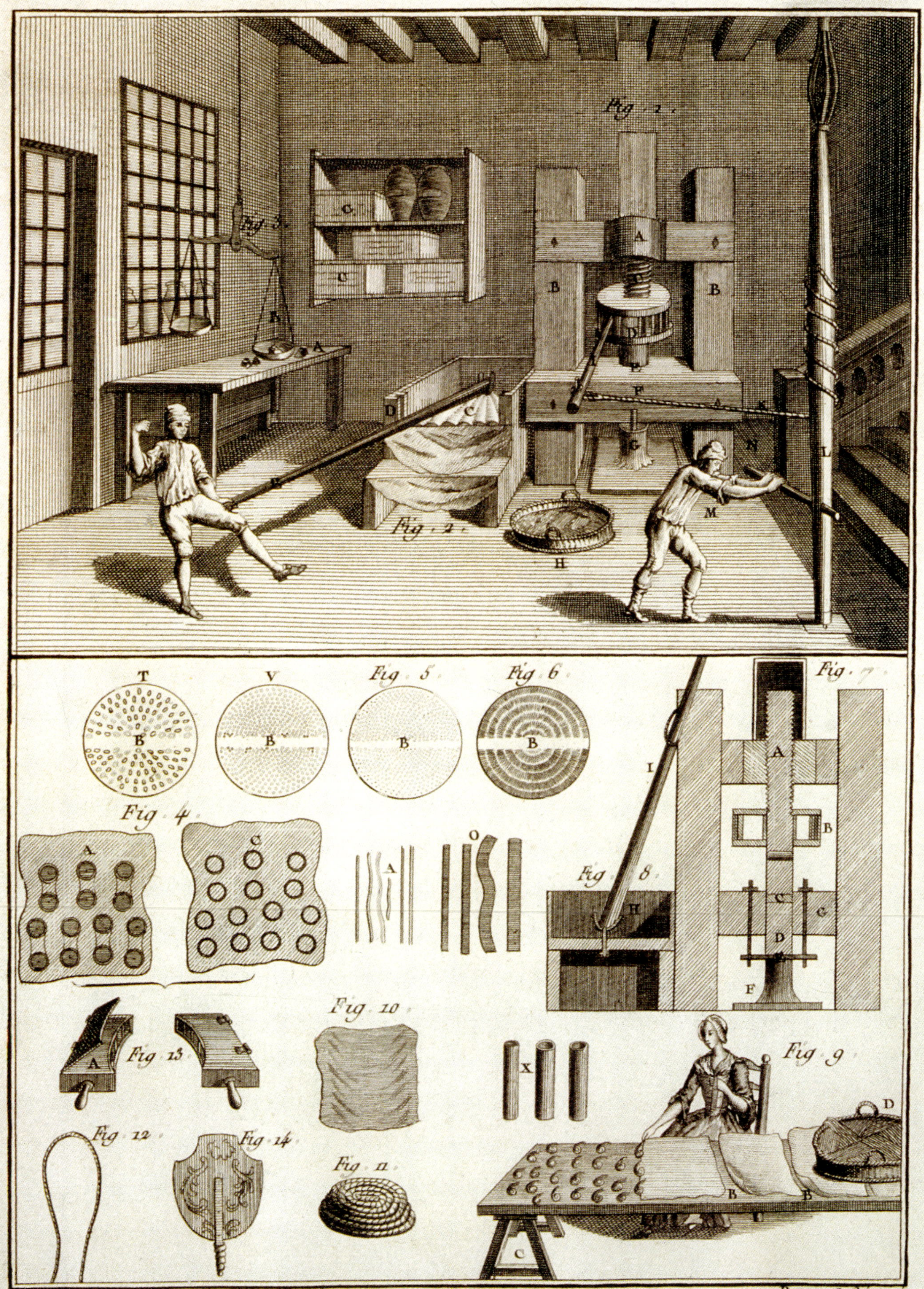

Benard direxit

Vermicelier.

DIE FRÜHESTEN FORMEN

Die erste Form der Pasta waren die *Gnocchi*. Doch neben diesen gab es auch jene Sorten, die sich durch Bearbeiten der Grieß- und Wassermischung mit den Händen oder sehr einfachen Instrumenten erzielen ließen, bis die unterschiedlichen lokalen Varianten der *Orecchiette*, der *Trofie* in Recco, der *Cavatieddi* in Apulien und andere erschienen. Später stellte man fest, dass man, wenn man die Teigmasse mit Druck und der Vor- und Zurückbewegung einer glatten Rolle mit gleichmäßigem Kaliber bearbeitete, ein Teigblatt erhielt. An erster Stelle entstanden daher die römischen Lasagne, die zuerst frittiert und erst später gekocht wurden und die gesamte Bandbreite ähnlicher Formate, die sich durch zwei linguistische Wurzeln unterscheiden. In Mitteleuropa, wo das Teigblatt – unbedingt mit Ei – vollkommen unabhängig entsteht, wird vom lateinischen *nodellus* ausgegangen, um in Frankreich *Nouilles*, in Deutschland *Nudeln* und in der englischen Sprache *Noodles* zu erhalten. Wir Italiener ziehen es vor, als Ausgangspunkt den Vorgang des *Schneidens* (tagliare) zu wählen, daher *Tagliatelle*, *Tagliolini*, *Taglierini* oder das, was wir durch das Schneiden erhalten, nämlich *Fettucce* und *Fettuccine*, d. h. Bänder oder Bändchen. Alle diese guten Dinge dienen zum Essen oder vielmehr zum *Verschlingen (pappare)*, und so entstehen die *Pappardelle* (Toskana) und die *Paparelle* (Verona und Venetien). Das Teigblatt ist auch die Basis der kurzen Pastaformen wie *Farfalle* (*Stricchetti* in der Emilia) oder *Garganelli*, Pastarechtecke, die um einen Stab gewickelt und gerändelt werden, und die wunderbaren *Corzetti* der ligurischen Riviera di Ponente.

SEITE 24: Einige Zieheisen aus Bronze und Kupfer zur Herstellung von *Bucatini*, *Ziti* und *Spaghetti*.

DAS ZIEHEISEN: GESCHICK UND FANTASIE

Vom Modellieren oder Pressen der Mischung mit einer geschlossenen Form bis zu einer Form mit Öffnung ist der Weg nicht weit. Und so wird das Prinzip, das zum Entstehen der einfachen Form für die Herstellung der hausgemachten „*Passatelli*" geführt hat, mit Hilfe einer mechanischen Presse auf die Zieheisen übertragen, die großen Formen, die der Pasta ihre Gestalt geben. Die Zieheisenhersteller, die in der Lage waren, absolut gleiche Öffnungen in die Bronzescheibe zu schneiden, die die Presse verschloss und der Pasta Form gab, waren überaus geschickte und fantasievolle Handwerker. Die Herstellung unterschiedlicher Pastasorten in der Pastafabrik war damit kein Problem mehr: Man musste nur das Zieheisen auswechseln, und die neue Sorte war zum Trocknen – zu dem die Luft und Sonne im Süden und in Ligurien ihren Beitrag leisteten – zum Verpacken und zum Versand bereit. Ursprünglich wurden die Zieheisen aus Kupfer hergestellt, das aber schnell von der weitaus widerstandsfähigeren und langlebigeren Bronze abgelöst wurde. Die Bronze gestattete es außerdem, den verschiedenen Öffnungen mehr Glätte und Präzision zu verleihen, wie sie für eine korrekte Trocknung und einen optimalen Kochvorgang unverzichtbar sind. Denn auch ein minimaler Unterschied in der Stärke derselben Nudelsorte führt zu einer merklichen qualitativen Änderung des Gerichts. Das kompaktere Zieheisen aus Bronze lieferte, obwohl es „glatter" war als das aus Kupfer, auch jene gleichmäßige Porosität der Pasta, die noch heute von den Gourmets besonders geschätzt wird. Im 20. Jahrhundert wurden immer mehr Stahlzieheisen mit Einsätzen aus Bronze oder Teflon verwendet, die in der Lage waren, dem hohen Druck der kontinuierlichen Produktionslinien standzuhalten.

DIE PHASEN DER PASTAHERSTELLUNG

Das Zieheisen ist natürlich nur der letzte Schritt einer technologischen Entwicklung, die zwischen den Jahren 1000 und 1500 zur Entwicklung der unterschiedlichen Künste der Pastahersteller (die *Fidelari* in Genua 1574 und 1577 in Savona; die *Vermicellari* in Neapel 1579 und 1605 in Palermo) und zur Erleichterung der menschlichen Arbeit durch immer größere Maschinen und Utensilien innerhalb der Handwerksbetriebe geführt hat. So hatte jeder der vier grundlegenden Schritte der Pastaherstellung eine spezifische Maschine gefunden: das *Mischen* der Bestandteile, das *Kneten* oder die Verfeinerung des Teigs, das *Formen* der unterschiedlichen Pastatypen, das *Trocknen* am Ende und das *Verpacken*.

DAS MISCHEN

Der aus dem Mahlen des Hartweizens erhaltene Grieß, der zuvor gereinigt und gesiebt worden war, um eventuelle Verunreinigungen zu beseitigen, wurde mit Wasser in einem großen Behälter – Mischmaschine genannt – gemischt, der mit mechanischen Armen ausgestattet war. Das Gerät wurde normalerweise in einer erhöhten Position aufgestellt, um den Inhalt durch Kippen in die zweite Maschine des Prozesses laden zu können: die Knetmaschine.

SEITE 25: Mechanische Knetmaschine, hergestellt von der Firma Ceschina, Busi & C. aus Brescia gegen Ende des 19. Jahrhunderts.

SEITE 26: Der Maschinensaal des Pastaherstellers Barilla mit den kontinuierlichen Braibanti-Pressen, die 1938 installiert wurden.

SEITE 27 OBEN: Der Knetmaschinensaal im Werk Barilla in einem Bild aus dem Jahr 1913 von Luigi Vaghi.

DAS KNETEN ODER VERFEINERN

Da Grieß an sich eine glasige Beschaffenheit aufweist und nur schwer Wasser aufnimmt, wird ein zweiter Schritt erforderlich, den wir fast als eine Art „Massage" bezeichnen könnten. Er gestattet es dem Wasser, gleichmäßig in den Teig einzudringen und ihn glatter und gleichmäßiger zu machen. Um dieses Ergebnis zu erzielen, wurden anfänglich Knetmaschinen mit von mehreren Männern von Hand bewegten Stangen eingesetzt, danach mit Wasserkraft angetriebene *Mahlscheiben* aus Stein und schließlich solche mit „*Messern*" aus Holz. Heute arbeiten die am weitesten verbreiteten und wirksamsten Knetmaschinen mit konischen Rollen aus Metall und mit Motorantrieb. Am Ende der Verfeinerung wurde der Teig manuell zur anschließenden Verarbeitung befördert. In einigen Fällen bestand diese, vor allem bei Eiernudeln, aus dem Walzen, wobei der Teig zwischen glatten Rollen durchlief, die seine Gleichmäßigkeit verbesserten und es gestatteten, das Teigblatt zu „ziehen" und so seine Stärke zu regulieren. In der Tat begann die Formung ausgehend vom Teigblatt.

SEITE 27 UNTEN RECHTS: Vertikale Schraubenpresse für die Herstellung langer Pasta, Italien, 19. Jahrhundert.

DIE FORMUNG DER PASTA

Ungefähr im 15. Jahrhundert begann sich dank der Erfindung einer Presse mit Schraube die Technik der Formung durch Strangpressen zu verbreiten, Ausdrücklich erwähnt wird sie das erste Mal in einem Text aus dem Jahr 1548 von Cristoforo di Messisbugo, Diener am Hof von Ferrara, und dann im Jahr 1570 von Bartolomeo Scappi, Koch von Papst Pio V. Anfänglich aus Holz mit einer Glocke aus Bronze, wird sie im 19. Jahrhundert aus Gusseisen hergestellt und steigert so Größe und Produktionsleistung erheblich. An der Mündung wurde das Zieheisen befestigt, das dank seiner Öffnungen in unterschiedlichen Formen und Größen das Austreten der verschiedenen Formate gestattete, die dann von Hand vom Pastahersteller oder mit einem mechanischen Drehmesser am Ende des Zieheisens zugeschnitten wurden. Es wurden horizontale Pressen gebaut (für kurze Suppennudeln), und vertikale (für die langen Sorten). Die Spaghetti wurden hingegen manuell gefertigt. Erst der Erfindungsgeist und die Technik aus Italien haben anhand von eigens dazu konzipierten Maschinen, die nach und nach durch Einsatz von Wasserkraft verbessert wurden, die Herstellung von Hunderten unterschiedlicher Pastasorten ermöglicht.

SEITE 28 OBEN: Spaghettiproduktion in der Umgebung von Neapel in den 1920er Jahren. Das Trocknen der Spaghetti im Freien wird durch die sich abwechselnden und regelmäßigen Meeresbrisen begünstigt, die für das Gebiet typisch sind.

SEITE 28 MITTE: Die statischen Trocknungsanlagen für kurze Pasta im Werk Barilla in einem Foto aus dem Jahr 1932.

SEITE 28 UNTEN: Das Geschäft von Barilla in der Strada Vittorio Emanuele 1927 mit den Schubladenschränken für die Pasta und den Gefäßen aus geblasenem Glas aus der Glasfabrik Toso aus Murano mit den verschiedenen zum Verkauf angebotenen Sorten.

DIE TROCKNUNG

Nun war es erforderlich, die soeben aus den Zieheisen gewonnene Pasta auf große Netzrahmen zu legen oder lange Sorten auf Stangen aufzuhängen, um jenen korrekten und angemessenen Trockenvorgang zu gestatten, der für die Kochfestigkeit unerlässlich ist. Auf eine erste Phase, die „incartamento" (carta = Papier) genannt wird, weil die Außenoberfläche beim Trocknen ausbleichte und an Papier erinnerte, folgte eine Phase der Nachbehandlung in kühler Umgebung unter Umverteilung der inneren Feuchtigkeit und schließlich ein weiterer abschließender statischer Trockenvorgang im Freien oder in belüfteten Räumen und in späterer Zeit in Räumen mit Gebläsen und Heizsystemen. Die Trockenphase war dabei besonders kritisch, da die Parameter je nach Jahreszeit, Klima, Windverhältnissen und sogar von Pastafabrik zu Pastafabrik variierten und sie wurde vom Leiter der Pastaherstellung mit Aufmerksamkeit begleitet.

DIE VERPACKUNG

Nun konnte die Pasta für den Versand vorbereitet, in mit Papier ausgelegte Körbe aus Kastanienrinde (Corbelli), Holzkisten oder Baumwollsäcke gefüllt werden, die nacheinander gewogen wurden. Auf dem Seeweg oder mit der Eisenbahn am Ziel angekommen, entnahm der Kaufmann die Pasta ihrer Verpackung (die an den Pastahersteller zurückgegeben werden musste) und deponierte diese in einem großen Möbel mit Schubladen oder in dekorativen Glasgefäßen im Geschäft, so dass sie lose an die Kunden verkauft werden konnte, die sie in Tüten aus Lebensmittelpapier mit der charakteristischen blauen Farbe verpackt erhielten.

SEITE 29 OBEN: Die modernen kontinuierlichen Linien für die Pastaherstellung des Werks Barilla von Pedrignano, Parma, eingeweiht 1970 (Parma, Geschichtsarchiv Barilla).

DIE AUTOMATISIERUNG DER HERSTELLUNG

Im ersten Viertel des 20. Jahrhunderts sind zahlreiche Versuche zu verzeichnen, die verschiedenen Elemente der Herstellung zu automatisieren, um die Abfälle und Standzeiten zwischen einer Maschine und der nächsten zu verringern und die Hygiene und die Qualität des Produkts zu verbessern. 1917 hatte der Franzose Féréol Sandragné die Idee, eine bereits für die Herstellung von Backsteinen mit Löchern verwendete Technologie zur Pastaherstellung abzuwandeln. Er ließ sich eine kontinuierliche Presse patentieren, in der die Aufgabe des Mischens einer langen Endlosschraube übertragen wurde. 1933 gelang es den Ingenieuren Giuseppe und Mario Braibanti, Söhne eines Pastaherstellers aus Parma, die Funktionen des Knetens und Pressens in einer einzigen Maschine zu vereinen, die in der Lage war, kontinuierlich in Betrieb zu bleiben. Erst in den 1950er Jahren wurde im Barilla-Werk in Parma nach mehreren Jahren der Experimente eine Technologie eingeführt, die auch die Trocknung automatisierte, indem die Pasta auf Bändern oder Rohren durch Trocknungsanlagen geschleust wurde, die die unterschiedlichen Phasen der Trocknung und Nachbearbeitung beim Durchlaufen der Pasta abwickelten. 1955 beschloss Pietro Barilla, das alte Versandsystem in Kisten oder Säcken aufzugeben, und begann mit der modernen Verpackung der Nudeln in Kartons mit einheitlichem Gewicht. Mit Rücksicht auf die Gewohnheiten des Verbrauchers wurde für die Verpackung das Hellblau des traditionellen Lebensmittelpapiers gewählt, und seitdem ist Blau die Signalfarbe für Pasta Barilla, ein Blau, das im Lauf der Jahre immer intensiver wurde.

DOCH WIE VIELE PASTASORTEN GIBT ES EIGENTLICH?

Wie viele Pastasorten wurden von den Pastaherstellern erfunden? Wenn man zahlreiche alte Kataloge von Pastaherstellern analysiert, kann man leicht feststellen, dass das Angebot zwischen 250 und 300 Formaten schwankte. Das erste Unterscheidungskriterium ist einfach und spontan: lange Pasta, kurze Pasta, Suppennudeln. Ergänzt wird es durch zwei „parallele" Kategorien: gewalzte Pasta, die dem hausgemachten Teigblatt entsprach, und als unabhängiger Sektor gefüllte Pastasorten. Für die lange Pasta gibt es dann zwei Bezugsformen: mit zylindrischem Durchmesser, voll oder mit Öffnung und rechteckig oder „gewölbt". Die erste hat die folgenden Ahnen: *Vermicelli* und *Spaghetti* mit Diminutiven – *Spaghettini, Vermicellini* – oder Augmentativen – *Spaghettoni, Vermicelloni* – oder Eigennamen: *Capelli d'angelo, Capellini, Bucatini, Perciatelli, Mezzanelli* und, ein antiker Name, *Ziti* und *Zitoni*, da sie für das Hochzeitsmahl gedacht sind (Zita ist die zukünftige Braut). Die „rechteckigen" sind industrielle Anpassungen der langen Tagliatelle: Weisen sie einen linsenförmigen Querschnitt auf, werden sie zu *Linguine, Bavette, Tagliarelli, Lasagnette*. Und hier fügt sich der berühmteste Name der Gruppe ein, die ligurische Bezeichnung *Trenette* mit dem gleichen Querschnitt und der etymologischen Wurzel des Worts für Schnürsenkel. Ein besonderes Kapitel der „langen" Pasta bilden die Fettucce mit gewelltem Rand: Der normale Name ist *Lasagne ricche*, doch nachdem sie der Gattin des Königs von Italien gewidmet waren, die in Neapel zu Besuch war, wurden sie zu „*Reginette*".

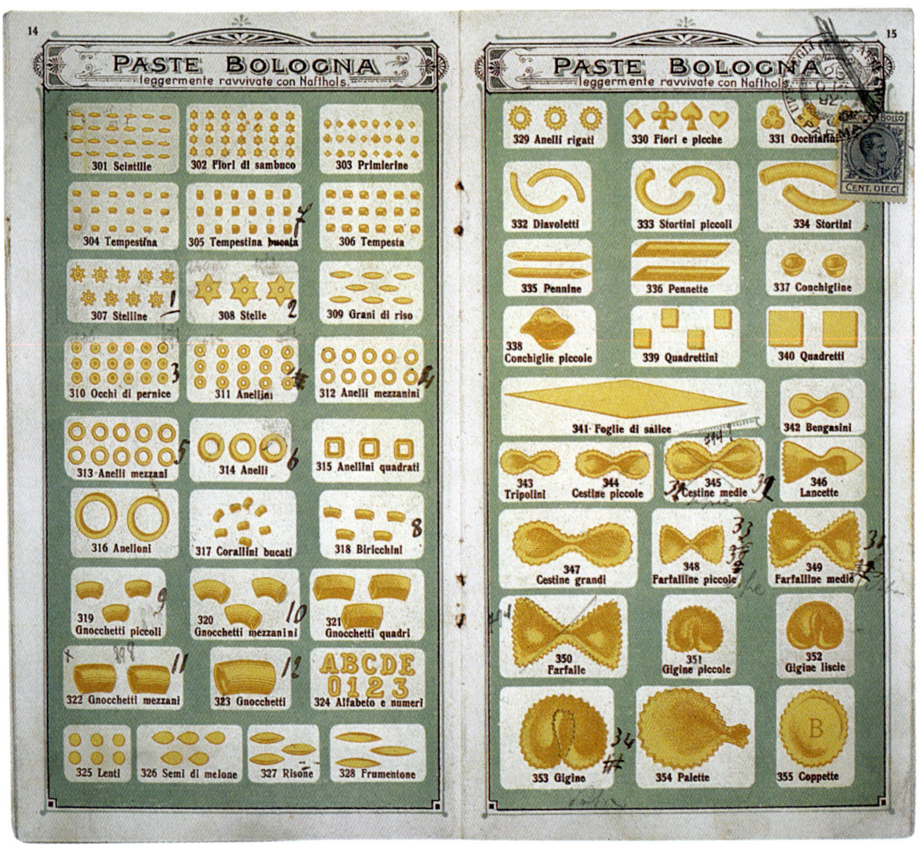

SEITE 30: Der Barilla-Katalog von 1916 mit seiner reichen Auswahl an kurzen Pastasorten.

SEITE 31: Entwurf der *Marille* projektiert von Giorgetto Giugiaro für den Pastahersteller Voiello 1983.

CHRONIK UND FANTASIE GEBEN DEN MACCHERONI IHREN NAMEN

Die kurze Pasta ist der „unterhaltsamste" Abschnitt im Katalog des Pastaherstellers, in dem zahlreiche Namen und Formate vom aktuellen Geschehen beeinflusst wurden. Ende des 17. Jahrhunderts wurden die *Ditalini rigati* auch *Garibaldini* genannt. Vielleicht war es zur Ehre des Königshauses Savoyen, dass der Name einer der italienischen Prinzessin, dass die Namen *Mafalde* und *Mafaldine*, für die *Fettuccelle ricche* in den Katalog aufgenommen wurden. Vielleicht aber hieß auch nur die Tochter eines Pastaherstellers so. Die gleiche Nudel erhielt jedoch nach der Eroberung Libyens die Namen *Tripoline* und *Bengasine*, so wie die Landung in der Bucht von Assab im Roten Meer 1882 die *Assabesi* entstehen ließ (große Muschelnudeln) und kurz darauf die ähnlichen aber kleineren *Abissini*. *Chinesi* und *Chinesini* (Conchiglie) gab es bereits seit langem. In den 1930er Jahren beeinflusste der Art Déco-Stil die Kreation von Nudeln in Gestalt von *Kühlern*, von *Riemenscheiben* und von *Getriebeteilen*. Nach dem Krieg wurde der Weg des Neuen in den 1950er Jahren mit *fliegenden Untertassen*, gefolgt von Blumenmustern, festlichen und figurativen Mustern beschritten. 1983 wagte der renommierte Pastahersteller Voiello aus Torre Annunziata den Weg der radikalen Innovation und vertraute dem *Automobildesigner* Giorgetto Giugiaro die Projektierung eines *neuen* Formats an. Auf diese Weise entstanden die *Marille*, denen ein breites Echo in der Presse sicher war. 1987 war Barilla an der Reihe und führte eine ganze Linie von Formaten ein: die „Esclusivi di Barilla", die sich dem Design und der Erfahrung des Zieheisenherstellers Carlo Mori aus Parma verdankten, präsentierten die *Bifore* mit dem „B"-Profil Barilla, die *Trifogli*, Spaghetti mit drei Nuten, die *Nicchiole*, die sich an der Pilzform inspirierten, und die *Castellane*, erlesene, gestreifte Muschelnudeln. Ein italienischer Pastahersteller hat das „@" patentiert, die *Chiocciola* der Mail-Adressen, möglichst mit Ragout und weit weg vom *Computer* zu verzehren.

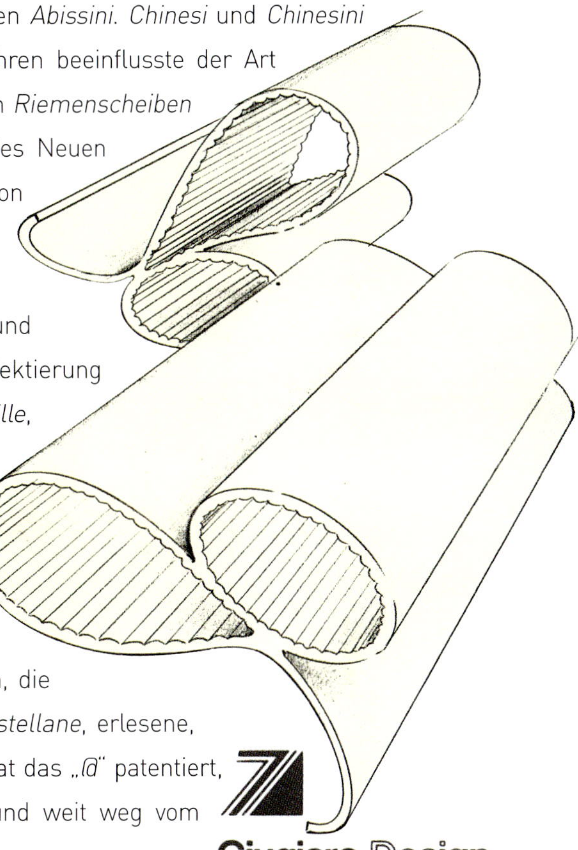

Giugiaro Design

WIE DIE PASTA AUF DEN TISCH KOMMT

Das Pastagericht auf italienische Art ist eine hausgemachte Kreation, die den verfügbaren lokalen Ressourcen entspringt (Korn, Eier, Gemüse, Fisch, Fleisch, Käse), die mit volkstümlicher Intelligenz in unendlichen Variationen kombiniert werden. In den unterschiedlichen Rezeptzusammenstellungen können wir so auf dem „Träger" Pasta Fleisch, Käse, Meeresfrüchte oder Gemüse genießen. Die Volksweisheit hat auch Kombinationen geschaffen, die auch unter dem Gesichtspunkt der Ernährung perfekt sind. Nicht zufällig wird die Pasta heute auch als Hauptgericht angeboten, ein Potenzial, das bei den Gelegenheiten zukunftsträchtig ist, bei denen man die traditionelle Speisenfolge vereinfachen möchte. Doch wo immer man auch speist, die Pasta ist immer eine reine Freude, gewürzt mit tausend Jahren gastronomischer Erfahrung und der Fantasie der Köche – eine immer neue Art, dem Geschmack Form zu geben.

LANGE PASTA

DIE POETISCHE

I love Pasta

Die lange Pasta mit ihren weichen Wellen, ihren sinnlichen Windungen oder ihrem kreativen inspiriert mehr als alle anderen Sorten die Fantasie. Sie lässt ferne Erinnerungen wieder aufleben, die sich in der antiken Kunst verlieren, ist ein Stück Tradition in der Gegenwart, erinnert an die freudige Sorglosigkeit vergessener Kindertage und ist mit ihrer durchgehenden, potenziell unendlichen Architektur ein Fest für Augen und Gaumen, ein geradezu musikalisches und sinnliches Vergnügen.

Damit sie ihre poetischen Qualitäten am besten zur Geltung bringen kann und eine Komposition mit Rhythmus, Symmetrie und Einklang erzeugt, muss lange Pasta auf den richtigen Begleiter treffen. Wie für jede Pastasorte gilt auch für die lange Pasta, die runden, quadratischen, rechteckigen oder linsenförmigen Querschnitt aufweisen und als Nest oder Knäuel erscheinen kann, der Grundsatz der richtigen Kombination. Eine kräftige Sauce wie die alla Carbonara zum Beispiel, eines der gastronomischen Aushängeschilder des Bel Paese in der Welt, ist nicht für die feinen Capelli d'Angelo oder Capellini geeignet, sondern eher für die robusteren Spaghetti. Ähnlich passt eine lange, kräftige Pastasorte wie die Ziti napoletani (sie wurden nicht zufällig Ziti, d. h. „Brautleute" genannt, denn einst kamen sie nur bei Hochzeitsessen auf den Tisch) weder materiell noch ideell zu einer Sauce mit leichter Konsistenz wie der mit Knoblauch, Öl und Peperoncino, für die nicht hohle Sorten mit kleinerem Durchmesser sicher besser sind als Spaghettini oder Vermicelli. Und wenn wir schon die Ziti mit einer einfachen Tomatensauce servieren möchten, dann sollten wir sie zumindest im Ofen überbacken und mit Semmelbröseln bestreuen, damit das Rezept etwas „gehaltvoller" wird.

In der italienischen Küche hat die seit langem bestehende und erfolgreiche Tradition der langen Pasta dafür gesorgt, dass es für jede Sorte nach lokalen Überlieferungen eine spezielle Sauce gibt. Mit der Sauce all'Amatriciana, um nur einen weiteren Klassiker der Kochkunst unter italienischer Flagge zu nennen, werden traditionell Bucatini gereicht, eine lange, innen hohle Pastasorte, die typisch für Rom ist. Mit dem Pesto alla Genovese dagegen oder Saucen mit Gemüse und Fisch werden häufig Bavette verwendet, eine den Spaghetti ähnliche Pasta mit leicht konvexem, rechteckigem Querschnitt, die aus Genua und Ligurien stammt.

BAVETTE

VORRANGIG GETROCKNET VERWENDET, PASSEN BAVETTE ZU EINFACHEN SAUCEN MIT ÖL, BUTTER, FISCHSAUCEN, SAUCEN MIT VENUSMUSCHELN UND ZU PESTO ALLA GENOVESE.

Sie sind in ganz Italien verbreitet, doch typisch für Ligurien, wo man zahlreiche Rezepte mit dieser Sorte findet. In Süditalien wird die große Variante häufiger verwendet.

Pasta in Form schmaler und dünner Streifen, deren Name sich vom italienischen Wort *bava* ableitet. Im *Wörterbuch*, das 1863 von Pietro Fanfani herausgegeben wurde, wird sie als *„Suppennudelart in langen und dünnen Streifen"* bezeichnet, die auch *Baverine* genannt wird. Es gibt sie in unterschiedlichen Sorten, klein, mittelgroß und groß. Je nach Sorte und der Region, in der sie verwendet werden, tragen sie unterschiedliche Bezeichnungen wie *Fettuccelle, Lingue di passero, Linguine, Pappardelle oder Trenette*. In Sizilien nennt man sie *Lasagneddi*.

Die Sorte ist relativ alt und der Name lässt sich vielleicht von dem französischen Wort baverette *ableiten, das in der Provence bereits im 13. Jahrhundert dokumentiert ist. Ursprünglich aus Ligurien und Genua ist diese Pasta durch den abgeflachten und bikonvexen Querschnitt gekennzeichnet, der eine größere Haftungsfläche für Pesto und andere im Mörser zubereitete Saucen bieten soll oder auch einer einfachen Sauce aus Öl oder zerlassener Butter und Käse. Und auch im Mund verhilft die größere Fläche den Geschmacksknospen in Verbindung mit dem Aroma und dem Duft der Saucen zu einem intensiveren Erlebnis.*
Oft mit den Linguine, *verwechselt, werden Bavette traditionell mit Pesto alla Genovese gereicht. Das Pesto ist sicherlich die typischste und berühmteste italienische regionale Sauce. Ihr Hauptbestandteil ist Basilikum. Der Name stammt vom Zerkleinern (pestare) im traditionellen Marmormörser. Zum jungen und frisch geernteten Basilikum und zum Knoblauch kommen noch folgende Zutaten: grobes Meersalz, natives Olivenöl aus Ligurien, ein weiteres Spitzenprodukt dieser Region, Pinienkerne, sehr alter Parmigiano und Pecorino.*

LANGE PASTA AUS HARTWEIZENGRIESS
Durchschnittliche Größe:
Länge 255,00 mm • Breite 3,10 mm • Stärke 1,32 mm

BUCATINI

IN DER GETROCKNETEN VERSION MIT SAUCE ALL'AMATRICIANA, SAUCEN MIT BAUCHSPECK, GEMÜSE, KÄSE UND EI.

In Ligurien und in Mittel- und Süditalien verbreitet, sind Bucatini typisch für das Latium, vor allem im Gebiet von Amatrice.

Die Bedeutung dieser Bezeichnung ist in der italienischen Sprache offensichtlich. Sie leitet sich von dem kleinen Loch in der Mitte ab, das ihre Struktur kennzeichnet. In den verschiedenen Regionen sind Bucatini auch unter anderen Namen bekannt: als *Fidelini* in Ligurien, als *Perciatelli* oder *Candele* in Kampanien, als *Ziti* oder *Agoni bucati* in Sizilien.

*Die Pastasorten »*col pertuso*«, mit Öffnung, werden bereits 1630 von dem neapolitanischen Schriftsteller Giambattista Basile (1575-1633) in der Märchensammlung* Cunto de li Cunti *(Erzählung der Erzählungen) erwähnt. Die Sauce all'Amatriciana, ist nach Amatrice benannt, einem antiken Städtchen Mittelitaliens, das bereits in prähistorischen Zeiten bewohnt war und dann von den Römern erbaut wurde. Es liegt in einer grünen Mulde an den Grenzen der Regionen Latium, Umbrien, Marken und Abruzzen. Heute gehört es zur Provinz Rieti. Das Rezept, das von Hirten erfunden wurde, die ihre Herden begleiteten, enthielt Schweinebacke, Pecorino und Pfeffer, Zutaten, die auch in den Bergen zur Verfügung standen, und sich noch heute in der Gricia finden, die erst in der zweiten Hälfte des 19. Jahrhunderts durch das Hinzufügen von Tomaten verfeinert wurde. Es geschah zu dieser Zeit, dass in Folge der Krise der Schafzucht viele Einwohner von Amatriciana auf den Spuren zahlreicher päpstlicher Köche nach Rom zogen, wo sie Arbeit im Gastgewerbe fanden.*

„Bei der Wahl seiner Pasta ist der Italiener ein Poet, doch er weiß es nicht. Wenn er dann genussvoll sein Bucatino aufsaugt, wird er zum Musiker und lässt es pfeifen wie eine umgekehrte Pfeife."
Aus: Marchi Cesare, *Quando siamo a tavola (Wenn wir bei Tisch sind).* Mailand (I), Rizzoli, 1990.

LANGE HOHLE PASTA AUS HARTWEIZENGRIESS
Durchschnittliche Größe:
Länge 255,00 mm • Breite 3,02 mm • Stärke 0,90 mm

CAPELLINI

SUPPENNUDELN.

Ligurien, Latium, durch die industrielle Herstellung in allen Regionen Italiens.

Die in der italienischen Sprache so offensichtlich Bedeutung stammt von dem Begriff *Capello (Haar)*, der wegen der Feinheit der Sorte gewählt wurde. Sie werden auch *Capelvenere*, *Maccheroni ciociari* oder im Latium *Ramiccia* genannt.

Im Gebiet Rom in Schriften aus dem 17. Jahrhundert als besondere, sehr fein geschnittene Eiernudelsorte erwähnt, waren sie eine der Spezialitäten, die von einigen Frauenklöstern hergestellt und mit einem kuriosen Ritual den Wöchnerinnen oder Kranken der Adelsfamilien der ewigen Stadt überbracht wurden. In Neapel wurden die Capelli d'angelo *für die Zubereitung einer Ofenpastete verwendet, während es in einigen Regionen Süditaliens Brauch war, mit den dünnen Fäden der Pasta eine ganz besondere Süßspeise zuzubereiten.*

Der römische Historiker, Graf Alessandro Moroni (1844-1915), beschreibt die Zeremonie der Übergabe der von den Nonnen hergestellten *Capelli d'angelo* an die Gebärenden der römischen Adelsfamilien, um, so sagte man, den Milchfluss anzuregen, so: *„von zahlreichen Trägern gebracht, sah man den „Pavillon der Wöchnerinnen" thronen, also eine grandiose Maschine mit bizarren Zeichnungen, die vollkommen von langen Reihen Tagliolini, Capelli d'angelo oder anderen Eiernudeln bedeckt war, das Ganze durchsetzt von einem Schwarm Kapaune und Hennen zur Verwendung der vornehmen Wöchnerin".*
Aus: Moroni Alessandro, *Vie, voci e viandanti della vecchia Roma (Wege, Stimmen und Wanderer des alten Roms)*, Rom (I), Unione Coop. Editrice, 1894.

LANGE PASTA AUS HARTWEIZENGRIESS.
ES GIBT AUCH DIE VERSION ALS EIERNUDELN
Durchschnittliche Größe:
Länge 255,00 mm • Durchmesser 1,17 mm

LASAGNETTE

IN DER GETROCKNETEN VERSION MIT REICHHALTIGEN FLEISCHSAUCEN, DOCH AUCH MIT GEMÜSE, KÄSE ODER SAHNE.

Alle Regionen Italiens, doch vorherrschend in Mittel- und Süditalien.

Kommerzielle Bezeichnung aus jüngster Zeit, die sich offenkundig vom Begriff *Lasagna* ableitet (Siehe diese). Der Begriff hat im Laufe der Zeit verschiedene Pastasorten auch unterschiedlicher Zubereitung bezeichnet. In unserem Fall bezieht er sich auf eine Sorte aus industrieller Herstellung mit glatten Rändern, die oft *Tagliatelle* genannt werden, oder mit gekräuselten oder gewellten Rändern, die je nach Epoche und Region als *Lasagne ricce* oder *Reginette* bekannt sind, weil sie an die Krone der Königinnen erinnern, oder *Mafaldine* nach der italienischen Prinzessin Mafalda von Savoyen (1902-1944), Tochter König Viktor Emanuels III.

Es handelt sich um eine der ältesten italienischen Pastasorten, die aus einem von Region zu Region in unterschiedliche Formen und Proportionen geschnittenen Teigblatt besteht. Die Lasagnette wurde bereits zur Römerzeit, im Mittelalter und in der Renaissance häufig erwähnt. Die Verwendung des Teigrads, jenes charakteristischen Küchengeräts mit dem gewellten Rand, das bereits zur Zeit der Etrusker bekannt war, hat die Herstellung gewellter Formen bereits in der Antike ermöglicht. Dieser Typ Pasta wurde im Süden aus Hartweizengrieß hergestellt, während er in den Regionen im Norden, die sich klimatisch nicht für den Anbau von Hartweizen eignen, mit Weichweizen und Eiern zubereitet wurde, die als Bindemittel für den Teig unerlässlich waren. Die größere Verbreitung der Eiernudeln im Norden ergibt sich daher aus rein klimatischen Gründen, und deshalb finden wir die gleiche Pastasorte mit oder ohne Ei und mit unterschiedlichen Bezeichnungen in verschiedenen Gebieten. Natürlich sind sie alle enge Verwandte der unterschiedlichen Sorten von Tagliatelle.

LANGE PASTA AUS HARTWEIZENGRIESS AUS EINEM TEIGBLATT, DIE ZU EINEM NEST AUFGEWICKELT WIRD
Durchschnittliche Größe:
Breite 30,00 mm • Stärke 0,90 mm

MACCHERONCINI

IN DER GETROCKNETEN VARIANTE MIT RAGOUT ALLA NAPOLETANA ODER MIT FLEISCHSAUCEN.

Süditalien. Heute in allen Regionen Italiens.

Der Begriff Maccherone bezeichnet – bei unterschiedlichen Auslegungen im Norden und Süden – die Pasta im Allgemeinen. Das Wort soll von dem Verb »ammaccare«, kräftig schlagen, abstammen – einem Arbeitsgang bei der Zubereitung des Teigs. Der allgemeine Begriff wir in den Regionen des Südens für die langen und schmalen Sorten verwendet wie die Bavette, während im Norden damit die kurzen und rohrförmigen Sorten gemeint sind.

Die älteste Verwendung der Maccheroni könnte mit Beerdigungsriten und dem Totenschmaus zusammenhängen: Mit dem griechischen Begriff Macaròi, *Glückselige, wurden in der Tat die Verstorbenen bezeichnet, und* Macarìa *war eine Suppe, die noch im 16. Jahrhundert bei Beerdigungen serviert wurde.*
Macco *war auch der Name einer dummen und unbegabten Figur der antiken römischen Komödie, und der Begriff* Maccherone *wird auch in einem Dokument aus dem Jahr 1041 in italienischer Sprache verwendet, um einen Dummkopf zu bezeichnen.*
Im Mittelalter bezeichnet Maccheroni *die Gnocchi und alle Teigsorten. Der Begriff leitet sich wahrscheinlich von dem Wort für kräftig schlagen, kneten ab. Und mit dieser Bedeutung werden sie von Boccaccio in einer Novelle des* Decamerone *in der idyllischen Beschreibung des Orts Bengodi erwähnt: „....* und es gab dort einen Berg von geriebenen Parmigiano, auf welchem Leute standen, die nichts anderes taten als Maccheroni und Ravioli zu machen und sie in Kapaunbrühe zu kochen ...“ *(Tag 8, Novelle 3). Mit den »Maccheroniessern«, den Pastaessern, ist ursprünglich die sizilianische Bevölkerung gemeint. Seit dem 12. Jahrhundert ist die Insel die erste Region, in der die Herstellung getrockneter Pasta dokumentiert ist. Demgegenüber galten etwa die Neapolitaner als »Blätteresser«, d. h. sie waren daran gewöhnt, Kohl und Gemüse zu essen. Aufgrund wirtschaftlicher Probleme konnten sie sich erst im 17. Jahrhundert Nudelgerichte leisten und gelten daher erst seit dieser Zeit als Pastaesser. Das beliebteste Rezept vergleicht die gekochten Maccheroni mit dem Vesuv: schwarz von gemahlenem Pfeffer und weiß von geriebenem Cacio (daher das italienische Sprichwort „Wie der Cacio auf den Maccheroni“, das eine perfekte Verbindung bezeichnet). Die Tomate als perfekte Begleiterin der Maccheroni entdeckt die italienische Volksküche dagegen erst im 19. Jahrhundert. Auch dank der verbreiteten Garküchen, die Pasta auf den Straßen zubereiteten und verkauften, und der oft folkloristischen Beschreibungen ausländischer Reisender auf ihrer* Grand tour *ist der Name dieser Pasta heute unzertrennlich mit dem Großraum Neapel verbunden.*

THEATRALISCHE MACCHERONI
„Der Mönch Bernardino Stefonio, in der zweiten Hälfte des 15. Jahrhunderts Professor für Rhetorik am Collegio Romano, verfasste in lateinischer Sprache ein heroisch-komisches Epos mit dem Titel Macaroides, *der bereits auf die Absichten des Autors schließen lässt. In der Tat wird in diesem Heldenepos der Maccheroni mit Emphase von dem langen Krieg berichtet, den die sizilianischen Pastasorten gegen die Hülsenfrüchte der Toskana führten und aus dem Erstere siegreich hervorgingen.*
Stefonio, mit seinem Epos noch nicht zufrieden, wollte verschiedene Hauptfiguren von Maccaronis *auch auf der Bühne zeigen und ließ sie als Schauspieler in einem Zweiakter auftreten, der* Maccaronea *“.*
Aus: Sada Luigi, Spaghetti e Compagni (Spaghetti und Kompagnon), Ausgabe des Centro Librario, Bibliothek „La Taberna“, Bari (I), 1982, S. 44.

DER KOMPONIST GIOACHINO ROSSINI UND DIE MACCHERONI
„Rossinis Zofe lebt noch in Paris. Es ist Frau Giulia Barbenoire. Mit 18 Jahren in seine Dienste getreten, verließ sie die Villa in Passy erst, nachdem sie dem Maestro die Augen geschlossen hatte: ›Jeden Samstag gab es ein berühmtes Mittagessen: 15 Gedecke standen immer bereit, es konnte kommen, wer wollte. Und alle kamen mit Begeisterung wegen den berühmten Maccheroni, die Rossini eigenhändig zubereitete und deren kulinarische Formel vom Maestro an Jacopo Caponi weitergegeben wurde“. Hier ist sie:
„Damit die Maccheroni gut gelingen, braucht man gute Pasta, hervorragende Butter, exzellente Tomatensauce und ebensolchen Parmigiano und eine intelligente Person, die sie kocht, anrichtet und serviert. “
Aus: *Il Popolo Romano* (Das römische Volk), 10. März 1920.

DIE MACCHERONI UND DIE TOMATE
1913 erklärte Antonio Bizzozero, Pionier der Modernisierung der Landwirtschaft Parmas: „Seid dessen gewiss, dass die Maccheroni mit Tomatensauce mit der entsprechenden Zugabe von Butter aus reiner Sahne und sehr altem Parmigiano zu zwei weltweiten Institutionen werden wird. “
Er war ein guter Prophet!
Aus: *Agricoltura parmense (Landwirtschaft Parmas). Sonderausgabe von L'Avvenire Agricolo* (Die Zukunft der Landwirtschaft). Parma (I), Mai 1937, S. 113.

LANGE HOHLE PASTA AUS HARTWEIZENGRIESS
Durchschnittliche Größe:
Länge 255,00 mm • Breite 4,50 mm • Stärke 0,90 mm

SPAGHETTI / SPAGHETTINI

MIT TOMATENFILETS, SAUCEN MIT ÖL, FISCHSAUCEN.

Alle Regionen Italiens.

Der Name stammt offensichtlich vom Begriff *spaghi (Schnüre)* und bezieht sich auf die Form der Pasta, wahrscheinlich die erste Sorte, die mit einem Zieheisen hergestellt wurde, das mit einfachen zylindrischen Öffnungen versehen war. Die feineren Sorten werden auch *Capelli d'angelo, Capelvenere, Fidelini, Sopracapellini, Spaghettini*; *Filatelli* genannt und *Spaghettoni* in den dickeren Varianten. Man beachte, dass es keine Pasta mit dem Namen Spaghi gibt, also dem Begriff an sich.

Es handelt sich um die bekannteste Pastasorte und die, die die italienische Kultur in der Welt am meisten repräsentiert hat. Pizza und Spaghetti definieren für Ausländer bei ihrer ersten Berührung mit unseren gastronomischen Traditionen noch heute die kulturelle Zugehörigkeit des italienischen Volkes.
Es geht um die lange Sorte, die als Vermicelli bekannt und seit dem 12. Jahrhundert Synonym für Spaghetti ist. Und bereits in jener fernen Zeit reiste und verbreitete sich die Pasta über das Mittelmeer in die italienischen Häfen und in die Städte, die dann für ihre Verbreitung bis in das Landesinnere sorgten.
Von Sizilien nach Sardinien, in die Häfen der Städte am Meer wie Genua, Amalfi und Pisa, um nur einige zu nennen. Doch es wird der Golf von Neapel sein, in dem die wichtigste Körperschaft entsteht, die sich ausschließlich mit der Pastaherstellung befasst: Die Kunst der Vermicelli-Hersteller, die der Körperschaft der Bäcker entspringt, wird unabhängig und verfasst bereits im Jahr 1579 eine eigene Satzung.
Die Tradition betrachtet die Spaghetti als die bevorzugte Sorte für die Zubereitung mit "geflohenem Fisch": Manchmal wurde mangels Besserem der echte Fisch durch besondere Zutaten ersetzt wie Algen oder poröse Steine aus den Tiefen des Meeres, die, mit verschiedenen Kräutern gekocht, eine Brühe mit Fischgeschmack ergaben, in der dann die Pasta gekocht wurde. An diesen besonderen Rezepten inspiriert sich das berühmte "Acqua pazza" aus dem Latium.

„In Amalfi war das Meer unsere Nahrung. Als Kinder und dann als junge Leute ernährten wir uns vom Meer. Am Strand tauchten wir den Tarallo in die Wassersauce. Eingeweicht wurde er weich und schmackhaft. Wir warteten die Welle ab und streckten die Hand aus. [...]
Später, im Dunkeln, um nicht gesehen zu werden, kamen die Frauen, um die kleinen Terrakotta-Amphoren zu füllen. Sie stiegen barfuß ins Wasser, verknoteten den Rock über den Knien und tauchten den Krug ein, der sich mit einem schnellen Gurgeln füllte. Manchmal gab es eine Verwarnung: Es war gesetzlich verboten, Wasser aus dem Meer zu schöpfen. Doch am Ende gab der Feldwebel der Finanzpolizei den Bitten und Respekterweisungen nach und bestrafte niemanden. Das Wichtige war, dass es im Haus nie an Meerwasser fehlte.
*Die Spaghetti zu kochen, indem dem Süßwasser eine Tasse Salzwasser beigemischt wurde, gab ihnen eine derartige Kraft, dass sie, mit Knoblauch und Öl, Tomaten, Petersilie und Peperoncino gewürzt, nicht nur so bissfest blieben, dass jede Nudel während sie in den Teller fiel, ein Geräusch verursachte, sondern sie nahmen auch einen Geschmack von mit Fischsauce angerichteter Pasta an. Und tatsächlich ist der wirkliche Name dieser Suppe: Spaghetti al pesce "*fujuto*", also Spaghetti mit geflohenem Fisch. Eine Perle der Arme-Leute-Küche. "*
Aus: Afeltra Gaetano, *Spaghetti all'acqua di mare (Spaghetti mit Meerwasser)*. Salerno (I), Avagliano, 1996, S. 60-64.

LANGE PASTA AUS HARTWEIZENGRIESS
Durchschnittliche Größe spaghetti:
Länge 255,00 mm • Durchmesser 1,67 mm
Durchschnittliche Größe spaghettini:
Länge 255,00 mm • Durchmesser 1,42 mm

REGINETTE NAPOLETANE

IN DER GETROCKNETEN VERSION MIT HASEN- ODER KANINCHENSAUCE, ABER AUCH MIT WILD UND KÄSESAUCEN.

Toskana, die industrielle Sorte in allen Regionen Italiens.

Es ist möglich, dass die gekräuselte Borte an den Rändern dieser Nudeln manchen Italiener an die Kronen der Prinzessinnen und Königinnen erinnerte. Sie sind auch unter den Namen *Fettuccelle ricce, Lasagnette oder Nastrini bekannt, und gelegentlich werden sie auch als Sciabò bezeichnet, ein Wort, das sich* vom französischen *jabot ableitet, dem gefältelten Volant, der in der Barockzeit Herrenhemden zierte,* bzw. als *Signorine* mit Bezug auf die üppigen Spitzen der Damenmode.

Reginette gehören zur Familie der Tagliatelle ricce, d. h., jener Pastasorten, die mit dem Teigrad aus dem Teigblatt geschnitten werden. In Neapel wurden sie 1902 der Prinzessin Mafalda von Savoyen gewidmet, einer Tochter Viktor Emanuels III., so dass der Name zu Mafaldine *wurde. Die ausgeprägte Kräuselung an den Rändern, die an die kostbaren Spitzen eines erlesenen Kleides erinnert, eignet sich bestens dazu, mit Ricotta oder Parmigiano eingedickte Tomatensaucen aufzunehmen. Gekrönt mit einem Blatt Basilikum ergibt sich so ein Gericht in den Nationalfarben Italiens.*

Ab 1911 wurden die Reginette mit Bezug auf den Libyenkrieg und die libysche Stadt Tripolis auch Tripolini *genannt.*

Girolamo Aleandri erwähnt in *La difesa dell'Adone (Die Verteidigung des Adonis*, Venedig 1630), die lange Pasta im Zuge einer Schilderung des höfischen Lebens auf humorige Weise: *„Beim Spiel einiger Edelmänner ... einer von ihnen sagte zum anderen aus Scherz, dass er betrunken von den Tagliatelli sei, also jener Suppe aus Bändern aus Teigblatt, die an vielen Orten der Lombardei Lasagnette genannt werden."*
Aus: Mondelli Mariaelena, *Antico e vero come la pasta (Antik und echt wie die Pasta). Erläuterte Forschung der historischen und dokumentarischen Quellen.* Parma (I), 1998, S. 24.

LANGE FLACHE PASTA AUS HARTWEIZENGRIESS
Durchschnittliche Größe:
Länge 245,00 mm • Breite 12,20 mm • Stärke 1,18 mm

VERMICELLI / VERMICELLINI

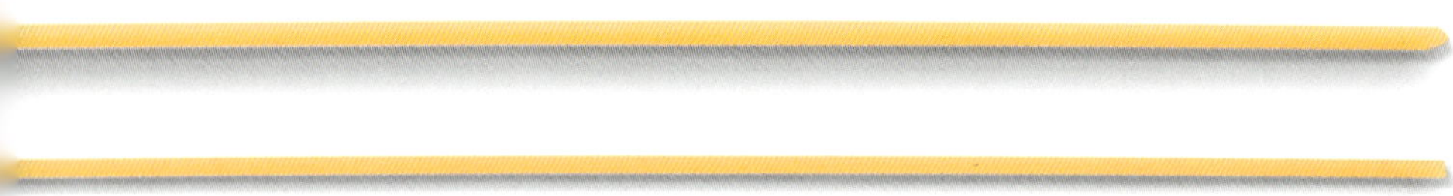

IN DER GETROCKNETEN VERSION MIT FISCHSAUCE, ZERBROCHEN IN BRÜHE.

Süditalien.

Die Definition des *Vermicello* in den antiken Wörterbüchern ist «*Teigfaden, der an lange Würmer erinnert*». Es ist interessant, dass wir heute, wenn wir in Italien *Würmer* sagen, so etwas wie Abscheu oder Ekel empfinden, während dies nicht der Fall ist, wenn wir *Vermicelli*sagen, den Namen der langen Pasta. Sie werden auch mit den *Spaghetti* verwechselt oder, wenn sie sehr fein sind, mit den *Capelli d'Angelo* und den *Spaghettini*.

Als Zwillingsbrüder der Spaghetti werden sie je nach Stärke der Sorte unterschieden und definiert: von den Vermicelli bis zu den Vermicellini, von den Vermicelloni zu den Capellini und den Capelli d'Angelo, usw. Die Sorte gehört zu den ältesten und wird bereits 1475 von Bartolomeo Sacchi, genannt der Platina, in seinem De honesta voluptate *erwähnt, das auf Lateinisch verfasst ist, wo er im Kapitel* in vermiculos *von den Vermicelli spricht, die ihm nach* "ad latitudinem unius digituli" *hergestellt werden, d. h., so dick wie unsere Cannelloni. An Fastentagen werden sie anstatt in fetter Brühe in leicht gesalzenem kochenden Wasser gegart und gemäß der Mode der Renaissance der damaligen Zeit mit Käse, Butter, Zucker und süßen Aromen angerichtet. Heute ist der Name vor allem in den Regionen des Südens verbreitet, in denen diese Sorte oft mit Rezepten zubereitet wird, die mit dem Duft des Meeres verbunden sind.*

„Wir überqueren die Hauptstraße von Gragnano. Überall sind Maccheroni zu sehen. An den Straßenseiten sind Maccheroni jeder Form an hohen Lattenzäunen aufgehängt oder auf Tuch ausgebreitet: Dünn wie Fäden und Vermicelli genannt bis zu denen, die den Umfang einer Pfeife haben und Ziti genannt werden. Die Maccheroni sind für den Neapolitaner das, was das Roastbeef *für die Engländer ist. Daher sollte man in Gragnano mit dieser unerschöpflichen Verfügbarkeit ihres Lieblingsgerichts vor Freude platzen."*
Aus: Mancusi Sorrentino Lejla. *Maccheronea. Storia, aneddoti, proverbi, letteratura e tante ricette (Geschichte, Anekdoten, Sprichwörter, Literatur und viele Rezepte).* Neapel (I), Grimaldi & C., 2000, S. 131-132.

LANGE PASTA AUS HARTWEIZENGRIESS
Durchschnittliche Größe vermicelli:
Länge 255,00 mm • Durchmesser 2,07 mm
Durchschnittliche Größe vermicellini:
Länge 255,00 mm • Durchmesser 1,89 mm

ZITI NAPOLETANI

IN DER GETROCKNETEN VARIANTE MIT RAGOUT ALLA NAPOLETANA ODER ANDEREN FLEISCHSAUCEN.

Süditalien, Sizilien, heute in allen Regionen Italiens verbreitet.

Vom süditalienischen Wort *Zita*, Verlobte, Braut, weil diese Pastasorte anlässlich eines Hochzeitsessens zubereitet und verzehrt wurde. Der Begriff *Zitella (alte Jungfer)* hat in der italienischen Sprache eine andere Bedeutung.

Bei den Ziti handelt es sich um eine Sorte, die einst vor allem in den süditalienischen Regionen verbreitet war, von Molise bis Apulien und Sizilien, und bevorzugt bei Festessen gereicht wurde. Beim Dreikönigsfest in Molise galten sie als eine Art Versicherung für einen »guten Tod«, da dieses Gericht die Angst lindern sollte, im Moment des Todes dem Teufel zu begegnen. In Sizilien war diese Pasta schon begrifflich mit dem Hochzeitsfest verbunden, da das Wort »zita« dort bis heute die Braut bezeichnet. Die Tradition verlangte, dass anlässlich einer Hochzeit große Mengen Pasta mit viel Sauce zubereitet und an die gesamte Nachbarschaft verteilt wurden, die man großzügig einlud, am Familienfest teilzunehmen. In Apulien war sie dagegen Hauptbestandteil der »Pasta seduta« (sitzende Pasta), die, mit Tomatensauce, Fleischbällchen und geriebenem Käse angerichtet, vor dem Servieren in einer im Wasserbad erhitzten Terrine eine Weile »sitzen bleiben« musste.

„Es war Sonntag. Bei uns zu Hause waren, wie in Neapel üblich, die überbackenen Zitoni zubereitet worden, d. h., die großen Maccheroni, die zuerst in die dicke samtige Sauce des Fleischragouts getaucht und dann im Ofen gelassen wurden. Doch von diesen Maccheroni aß niemand etwas, weil es Onkel Raffaele schlecht ging, er fantasierte und glühte [wegen des Fiebers] *und man fürchtete das Schlimmste. Mitten in der Nacht stand Onkel Raffaele aus dem Bett auf und ging barfuß in die Küche, steckte die Hände in den Topf voller Ziti und begann sie zu verschlingen. Er hatte bereits die Hälfte des Topfinhalts verschlungen, als der Großvater, von dem Durcheinander aufgeweckt, herbeilief, um ihn von diesem tödlichen Unterfangen abzuhalten und das ganze Haus angesichts der bevorstehenden Katastrophe aufweckte. Diese Katastrophe trat jedoch nicht ein. Dieser epische Schmaus diente mehr und besser als jede Medizin dazu, das Gleichgewicht im Körper von Onkel Raffaele wieder herzustellen.“*

Aus: Stefanile Mario, *Invito ai Maccheroni (Einladung zu den Maccheroni)*. Neapel (I), Montanino, 1950, S. 29-39.

LANGE HOHLE PASTA AUS HARTWEIZENGRIESS
Durchschnittliche Größe:
Länge 245,00 mm • Durchmesser 7,80 mm • Stärke 1,10 mm

BAVETTE MIT MEERESFRÜCHTEN UND KNACKIGEM GEMÜSE IN FOLIE GEBACKEN

ZUBEREITUNGSZEIT: 40 Minuten
KOCHZEIT: 8 Minuten
SCHWIERIGKEITSGRAD: HOCH

ZUTATEN FÜR VIER PERSONEN

350 g Bavette von Barilla
300 g Miesmuscheln
300 g gegitterte Venusmuscheln
3 Knoblauchzehen, geschält
40 ml natives Olivenöl
50 g Zucchini
50 g Karotte
30 g Staudensellerie
40 g Auberginen
100 g Datteltomaten
Salz
80 g Garnelenschwänze
100 g kleine Kalmare, küchenfertig
100 g Moschuskraken, küchenfertig
150 g Skorpionfischfilet, küchenfertig
1 Peperoncino, entkernt und fein gehackt
Je 1 Bund Petersilie und Basilikum, gewaschen und getrocknet

ALTERNATIVE SORTEN
Zu diesem Rezept passen anstelle der Bavette auch andere lange Nudeln wie Spaghetti.

Die Muscheln in reichlich kaltem Wasser mehrere Stunden stehen lassen und abgießen. Die Miesmuscheln abbürsten und entbarten. Offene Exemplare wegwerfen. In zwei Kasserollen je 15 ml mit je 1 Knoblauchzehe und 1 Petersilienstängel erhitzen und die Muscheln darin nach Sorten getrennt zugedeckt garen, bis sie sich vollständig geöffnet haben. Ungeöffnete Exemplare wegwerfen. Einige Muscheln zum Garnieren beiseite legen, die übrigen von den Schalen lösen und in den gefilterten Kochsud geben.

Das ganze Gemüse putzen, waschen und in sehr feine Streifen schneiden, dann kurz mit 15 ml Öl in einer beschichteten Pfanne andünsten.

Die Tintenfische in Streifen schneiden, das Skorpionfischfilet von Haut und Gräten befreien und in kleine Würfel schneiden. Die Garnelenschwänze schälen und den Darm auf der Rückseite entfernen. In einer Pfanne etwas Öl erhitzen und die Meeresfrüchte nacheinander kurz anbraten. Zuletzt die Kirschtomaten kurz in der Pfanne anbraten und salzen (sie müssen Farbe bekommen, doch noch ganz sein).
Den Backofen auf 180 °C vorheizen. Die Bavette in reichlich kochendem Salzwasser knapp bissfest kochen und abgießen. In der Zwischenzeit die zuvor zubereiteten Zutaten und einen Teil des Muschelsuds in eine Schüssel geben und mit den Bavette vermischen. Das Ganze mit Salz und Peperoncino abschmecken.

Vier Stück Alufolie mit dem restlichen Öl bestreichen und die Pasta darauf verteilen. Mit den Kräutern bestreuen, die Folien zu Päckchen formen und das Gericht im Ofen 10 Minuten garen.

BAVETTE MIT PESTO UND VENUSMUSCHELN

ZUBEREITUNGSZEIT: 30 Minuten
KOCHZEIT: 6 Minuten
SCHWIERIGKEITSGRAD: MITTEL

ZUTATEN FÜR VIER PERSONEN

350 g Bavette von Barilla
1 kg Venusmuscheln
Salz
100 g grüne Bohnen
200 g Kartoffeln
1 Knoblauchzehe
30 g Basilikum
15 g Pinienkerne
200 ml natives Olivenöl (möglichst aus Ligurien)
60 g geriebener Parmigiano Reggiano
40 g geriebener reifer Pecorino (Schafskäse)

Die Venusmuscheln mindestens 1 Stunde in reichlich kaltes Salzwasser legen, um sie vom Sand zu befreien. Geöffnete Muscheln wegwerfen. Die grünen Bohnen waschen und in mundgerechte Stücke schneiden. Die Kartoffeln schälen und würfeln. Die Muscheln mit etwas Salzwasser in einen Topf mit Deckel geben, aufkochen und bei kräftiger Hitze kochen, bis sich die Muscheln geöffnet haben. Ungeöffnete wegwerfen. Einen Teil der Muscheln von den Schalen befreien. Den Kochsud filtern. Alles zurück in den Topf geben und warm stellen. Für das Pesto die Knoblauchzehen schälen. Das Basilikum waschen, trockenschütteln und zusammen den Pinienkernen, der Knoblauchzehe, 150 ml Olivenöl, 1 Prise Salz und dem geriebenen Käse in einen Mixbecher geben und mit dem Pürierstab zu einer cremigen Sauce mixen. Dabei mehrfach kurz mixen, damit die Sauce nicht warm wird. Im Standmixer die Impulsfunktion verwenden. Das Pesto in eine Schüssel geben und mit dem restlichen Öl bedecken. Die Kartoffeln und die grünen Bohnen zusammen mit den Bavette in reichlich Salzwasser bissfest kochen, abgießen. zu den Venusmuscheln und ihrem Sud geben, alles bei schwacher Hitze gut miteinander vermischen und auf vorgewärmten Tellern mit dem Pesto anrichten.

ALTERNATIVE SORTEN

Für diese intensive Sauce mit Pesto und Venusmuscheln eignen sich lange Hartweizengrießnudeln wie Spaghetti, Spaghettini und Vermicelli.

BAVETTE MIT SCAMPI

ZUBEREITUNGSZEIT: 20 Minuten
KOCHZEIT: 8 Minuten
SCHWIERIGKEITSGRAD: MITTEL

ZUTATEN FÜR VIER PERSONEN

350 g Bavette von Barilla
12 Scampi, küchenfertig
1 Knoblauchzehe
60 ml natives Olivenöl
1 Peperoncino
30 ml trockener Weißwein
200 g Kirschtomaten
Salz
30 g gehackte Petersilie

Die Scampi längs halbieren, die Knoblauchzehe schälen. In einer Pfanne 30 ml Olivenöl mit der Knoblauchzehe erhitzen. Sobald der Knoblauch Farbe annimmt, den Peperoncino und die Scampi dazugeben, kurz anbraten und mit dem Weißwein ablöschen.

Das Ganze kochen lassen, bis die Flüssigkeit fast völlig verdampft ist, dann die gewaschenen und geviertelten Kirschtomaten hinzufügen. Alles weitere 5 Minuten lang kochen lassen, mit Salz abschmecken und dann mit der Petersilie bestreuen.

In der Zwischenzeit die Bavette in reichlich kochendem Salzwasser bissfest kochen, abgießen und mit der Scampisauce in der Pfanne schwenken. Mit ein wenig Nudelkochwasser verdünnen und mit dem restlichen Olivenöl beträufeln.

ALTERNATIVE SORTEN
Anstelle der Bavette können für dieses Rezept auch andere lange Pastasorten verwendet werden wie Spaghetti, Vermicelli und Spaghetti alla Chitarra.

BAVETTE MIT VENUSMUSCHELN

ZUBEREITUNGSZEIT: 20 Minuten
KOCHZEIT: 8 Minuten
SCHWIERIGKEITSGRAD: LEICHT

ZUTATEN FÜR VIER PERSONEN

350 g Bavette von Barilla
1 kg Venusmuscheln
1 Zwiebel
1 Knoblauchzehe
100 ml natives Olivenöl
100 ml trockener Weißwein
20 g gehackte Petersilie
Salz und Pfeffer aus der Mühle

Die Venusmuscheln gründlich waschen und einige Zeit in kaltes Wasser legen. Offene Muscheln wegwerfen. Die Zwiebel und den Knoblauch schälen und fein würfeln.

Das Öl in einer relativ großen Kasserolle erhitzen und Zwiebel und Knoblauch darin glasig schwitzen. Die Muscheln dazugeben, den Wein angießen, aufkochen lassen und zugedeckt 15 Minuten kochen. Die Venusmuscheln abgießen, den Sud auffangen und filtern. Ungeöffnete Muscheln wegwerfen. 12 Venusmuscheln beiseitelegen, bei den übrigen dass Muschelfleisch aus der Schale lösen und die Schalen wegwerfen. Die ausgelösten Venusmuscheln wieder in den Sud geben und mit Salz und Pfeffer abschmecken.

In der Zwischenzeit die Bavette in kochendem Salzwasser bissfest kochen, abgießen und dabei etwas Kochflüssigkeit auffangen. Die Bavette mit den Muscheln mischen, das Ganze nach Belieben mit etwas Nudelwasser verdünnen und mit der Petersilie bestreuen.

ALTERNATIVE SORTEN
Zu diesem Rezept passen vorzugsweise lange Pastasorten. Alternativ zu den Bavette sind Spaghetti und Vermicellini hervorragend.

VOLLKORN-BAVETTE MIT SCAMPI, FENCHEL UND BOTTARGA

ZUBEREITUNGSZEIT: 20 Minuten
KOCHZEIT: 8 Minuten
SCHWIERIGKEITSGRAD: LEICHT

ZUTATEN FÜR VIER PERSONEN

350 g Vollkorn-Bavette von Barilla
16 Scampi
40 ml natives Olivenöl
Eine mittelgroße Fenchelknolle
Salz und Pfeffer aus der Mühle
200 g Kirschtomaten (Ciliegino)
100 ml süße Sahne
30 g Bottarga

Die Scampi putzen, den Kopf abtrennen, die Schale (bis auf den Endteil) entfernen. 20 ml Öl in einer Pfanne erhitzen, die Scampi darin von allen Seiten anbraten, aus der Pfanne nehmen und beiseite stellen.

Die Fenchelknolle putzen, waschen und *in Julienne* schneiden. Etwas Fenchelkraut zur späteren Verwendung beiseitelegen. In der gleichen Pfanne das restliche Olivenöl erhitzen, den Fenchel darin anschwitzen, salzen und pfeffern.
Die Sahne angießen und die halbierten Kirschtomaten zum Fenchel geben. Das Gemüse weitere 5 Minuten kochen. 1 Minute vor Ende der Garzeit die Scampi zum Gemüse geben und darin erwärmen.

Die Vollkorn-Bavette in reichlich kochendem Salzwasser bissfest kochen, abgießen und mit dem Gemüse mischen. Auf vorgewärmten Tellern anrichten, mit dem geriebenen oder gehobelten Bottarga bestreuen und mit dem Fenchelkraut garnieren.

ALTERNATIVE SORTEN
Zu diesem Rezept passen auch andere lange Pastasorten hervorragend: normale Bavette und Spaghetti, sowohl aus Vollkorn als auch normal.

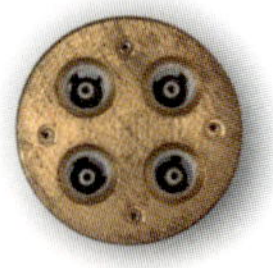

BUCATINI ALL'AMATRICIANA

ZUBEREITUNGSZEIT: 15 Minuten
KOCHZEIT: 8 Minuten
SCHWIERIGKEITSGRAD: LEICHT

ZUTATEN FÜR VIER PERSONEN

250 g Bucatini von Barilla
100 g Zwiebeln
1 Roter Peperoncino
150 g Guanciale oder Pancetta, ersatzweise ein anderer milder durchwachsener Speck
50 ml natives Olivenöl
200 ml Tomatensauce
Salz und Pfeffer
40 g geriebener Pecorino Romano

Die Zwiebeln schälen und in Ringe schneiden. Den Peperoncino von Strunk und Kernen befreien und in Streifen schneiden. Den Speck in Würfel schneiden.

Das Olivenöl in einer Pfanne erhitzen und den Speck darin bei schwacher Hitze langsam ausbraten. Die Zwiebeln dazugeben und im Speckfell goldgelb rösten. Den Peperoncino zu den Zwiebeln geben, die Tomatensauce angießen – wer es nicht so fett mag, gießt zuvor das ausgebratene Fett ab –, aufkochen und die Sauce mit Salz würzig abschmecken.

In der Zwischenzeit die Bucatini in kochendem Salzwasser bissfest kochen, abgießen und aus vorgewärmte Teller verteilen, mit der Speck-Zwiebelsauce anrichten und mit de Pecorino bestreuen.

ALTERNATIVE SORTEN

Dieses Rezept ist ein Klassiker der Küche des Latiums, und außer den Bucatini werden Spaghetti alla Chitarra und Spaghetti empfohlen.

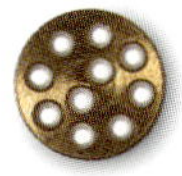

CAPELLINI MIT WURST UND SAFRAN

ZUBEREITUNGSZEIT: 30 Minuten
KOCHZEIT: 3 Minuten
SCHWIERIGKEITSGRAD: MITTEL

ZUTATEN FÜR VIER PERSONEN

350 g Capellini von Barilla
300 g Bratwurst, am besten Salsicce
150 g Porree
60 ml natives Olivenöl
150 ml Sahne
1 Briefchen Safran
Salz und Pfeffer

Den Porree putzen, waschen und den weißen Teil in feine Scheiben schneiden.
Bei schwacher Hitze 30 ml Öl in einer Pfanne erhitzen und den Porree darin andünsten.

In einer zweiten Pfanne das restliche Öl erhitzen, das Wurstbrät aus der Pelle drücken und im heißen Öl krümelig ausbraten. Das Brät ohne das ausgebratene Fett zum Porree geben und kurz weiter garen. Die Sahne angießen und den Safran dazugeben. Die Sauce unter Rühren aufkochen, mit Salz und Pfeffer abschmecken und warm stellen.

Die Capellini in reichlich kochendem Salzwasser bissfest kochen, abgießen und sofort mit der Sauce mischen.

ALTERNATIVE SORTEN
Dieses Sauce ist perfekt mit langen Pastasorten aus Hartweizengrieß wie Spaghettini und Spaghetti oder Eiernudeln wie Fettuccine.

LASAGNETTE / LANGE PASTA

LASAGNETTE MIT RAGOUT UND AUBERGINEN

ZUBEREITUNGSZEIT: 50 Minuten
KOCHZEIT: 6 Minuten
SCHWIERIGKEITSGRAD: MITTEL

ZUTATEN FÜR VIER PERSONEN

350 g Lasagnette von Barilla
1 Aubergine
etwas Salz
50 g roher Schinken
200 g Rindfleisch
100 g Kalbfleisch
1/2 Zwiebel
60 ml natives Olivenöl
20 g Butter
100 ml trockener Weißwein
600 g geschälte Tomaten
schwarzer Pfeffer aus der Mühle
60 g geriebener Parmigiano Reggiano

Die Aubergine schälen, in 1-2 cm große Würfel schneiden, mit etwas Salz bestreuen und in einem Sieb abtropfen lassen, um die Bitterstoffe zu entfernen. Den rohen Schinken in feine Streifen, das Fleisch in kleine Würfen und die Zwiebel in Scheiben schneiden.

30 ml Öl mit der Butter in einer Kasserolle erhitzen. Die Zwiebel darin anschwitzen, dann das Fleisch dazugeben und bei starker Hitze anbraten. Das Fleisch mit dem Wein ablöschen und fast vollständig einkochen lassen, dann die Tomaten hinzufügen, salzen und pfeffern. Das Ragout bei mäßiger Hitze etwa 40 Minuten garen. Bei Bedarf etwas Wasser angießen. Inzwischen das restliche Öl in der Pfanne erhitzen, die Auberginenwürfel darin kräftig anbraten und zum Ragout geben.

Die Lasagnette in reichlich kochendem Salzwasser bissfest kochen, abgießen und gut abtropfen lassen. Auf vorgewärmten Tellern mit dem Ragout anrichten und mit ein wenig geriebenem Parmigiano Reggiano bestreuen.

ALTERNATIVE SORTEN

Für diese Sauce sind auch andere lange Pastasorten hervorragend. Sie können Eier-Tagliatelle, Spaghetti alla Chitarra, Spaghettoni oder Bucatini wählen.

LASAGNETTE MIT LAMM-ARTISCHOCKEN-RAGOUT

ZUBEREITUNGSZEIT: 30 Minuten
KOCHZEIT: 6 Minuten
SCHWIERIGKEITSGRAD: LEICHT

ZUTATEN FÜR VIER PERSONEN

350 g Hartweizengrieß-Lasagnette von Barilla
300 g Lammfleisch
4 Artischocken
1 Zwiebel
1 Knoblauchzehe
150 g Tomaten
60 ml natives Olivenöl
Salz und Pfeffer aus der Mühle
100 ml trockener Weißwein
1 Zweig Rosmarin
1 Zweig Thymian
1 Lorbeerblatt
100 ml Gemüsebrühe
80 g Pecorino

Das Lammfleisch in kleine Würfel schneiden. Die Artischocken putzen und die Böden in Streifen schneiden. Die Zwiebel schälen und hacken, die Knoblauchzehe schälen. Die Tomaten brühen, häuten, entkernen und in Stücke schneiden.
In einer Kasserolle 30 ml Öl erhitzen und die Zwiebel mit dem Knoblauch darin glasig dünsten. Das Lammfleisch dazugeben, scharf anbraten, salzen und pfeffern und mit dem Weißwein ablöschen. Das Ganze kochen lassen, bis der Wein weitgehend verdampft ist, dann die Tomaten, die Kräuter und die Brühe dazugeben und das Lammragout zugedeckt etwa 15 Minuten lang schmoren lassen.
In der Zwischenzeit das restliche Öl in einer Pfanne erhitzen.
Die Artischocken darin anschwitzen, etwas salzen, zum Lammragout geben und dieses in etwa 5 Minuten fertig garen.
Die Lasagnette in reichlich kochendem Salzwasser bissfest kochen, abgießen und mit der Sauce mischen. Auf vorgewärmten Tellern anrichten und den Pecorino darüberhobeln.

ALTERNATIVE SORTEN
Für dieses Rezept können Sie auch Eiernudelsorten verwenden: Pappardelle, Fettuccine Ricce und Spaghetti alla Chitarra.

MACCHERONCINI MIT TREVISO-RADICCHIO UND WALNÜSSEN AUF TALEGGIO-CREME

ZUBEREITUNGSZEIT: 30 Minuten
KOCHZEIT: 8 Minuten
SCHWIERIGKEITSGRAD: MITTEL

ZUTATEN FÜR VIER PERSONEN

350 g Maccheroncini von Barilla
100 g Treviso-Radicchio
1 kleine weiße Zwiebel
10 ml natives Olivenöl
Salz und Pfeffer aus der Mühle
100 g Taleggio
50 ml frische Sahne
30 g geriebener Parmigiano Reggiano
10 Walnüsse ohne Schale, grob gehackt
4 Blatt Basilikum

Den Radicchio waschen, trockenschleudern und in schmale Streifen schneiden. Die Zwiebel schälen und fein hacken. Das Öl in einer Pfanne erhitzen und die Zwiebel darin kurz anschwitzen.

Den Treviso-Radicchio dazugeben und einige Minuten anbraten, dann salzen und pfeffern und beiseite stellen.

In einem hohen Topf den Taleggio in der Sahne schmelzen lassen. Sobald sich dieser aufgelöst hat, den geriebenen Parmigiano Reggiano dazugeben und das Ganze mit Salz abschmecken. Die Sauce mit dem Mixstab aufschlagen und warmstellen.

Die Maccheroncini Sardi in reichlich Salzwasser bissfest kochen, abgießen und sofort in die Pfanne mit dem angebratenen Radicchio geben, kurz erwärmen und gut vermischen. Die Taleggiosauce als Spiegel auf vorgewärmte Teller gießen, die Pasta darauf anrichten und mit den Walnüssen und dem Basilikum bestreuen.

ALTERNATIVE SORTEN

Zu diesem Rezept passen auch andere Pastasorten hervorragend wie Eier-Pappardelle, Pennette Rigate und Mezze Maniche Rigate.

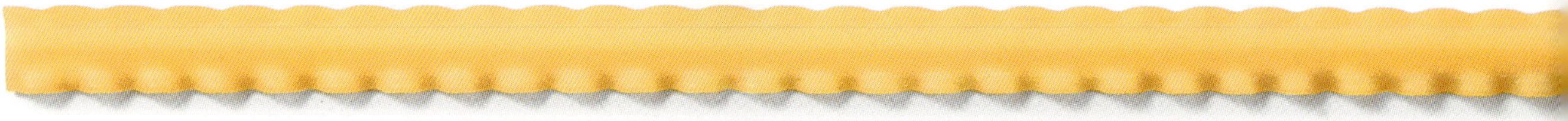

REGINETTE NAPOLETANE MIT RAGOUT NEAPOLITANISCHER ART

ZUBEREITUNGSZEIT: 2 Stunden und 30 Minuten
KOCHZEIT: 9 Minuten
SCHWIERIGKEITSGRAD: LEICHT

ZUTATEN FÜR VIER PERSONEN

350 g Reginette Napoletane von Barilla
200 g gelbe Zwiebeln
2 Schweinerippchen
200 g Bratenfleisch vom Rind
200 g Rinderlende
100 ml natives Olivenöl
150 ml trockener Rotwein
1 kg passierte Tomaten
Salz und Pfeffer aus der Mühle
6 Blatt Basilikum

Die Zwiebeln schälen und fein hacken, das Rindfleisch in mundgerechte Stücke schneiden. Das Öl in einer Kasserolle erhitzen und die Zwiebeln darin glasig dünsten, die Schweinerippchen und das Rindfleisch dazugeben und bei großer Hitze scharf anbraten.

Das Ganze mit dem Rotwein ablöschen und kochen lassen, bis der Wein fast völlig verdampft ist. Dann die passierten Tomaten dazugeben, das Ragout salzen und pfeffern und mindestens zwei Stunden garen, am besten im Backofen bei 150 °C.

Inzwischen die Reginette Napoletane in kochendem Salzwasser bissfest kochen, abgießen, auf vorgewärmte Teller verteilen und mit Ragoutsauce servieren. Das Fleisch als Hauptgang servieren.

ALTERNATIVE SORTEN

Zum Ragout auf Neapolitanische Art passen auch andere Pastasorten wie zuvor durchgebrochene Ziti Napoletani, Penne a Candela und Fusilli.

SPAGHETTI ALLA CARBONARA

ZUBEREITUNGSZEIT: 10 Minuten
KOCHZEIT: 8 Minuten
SCHWIERIGKEITSGRAD: LEICHT

ZUTATEN FÜR VIER PERSONEN

350 g Spaghetti von Barilla
150 g Pancetta oder ein anderer durchwachsener Speck
4 Eigelbe
100 g geriebener Pecorino Romano
Salz und Pfeffer

In einer kleinen Schüssel die Eigelbe mit einer Prise Salz und einem Esslöffel Pecorino Romano aufschlagen.

Den Speck in dünne Scheiben und diese in Streifen oder Würfel mit einer Breite von ca. 2 Millimetern schneiden. Den Speck in einer Pfanne die Schweinebacke bei mittlerer Hitze leicht anbraten, so dass ein Teil des Fetts schmilzt.

Die Spaghetti in kochendem Salzwasser bissfest kochen, abgießen und das Kochwasser auffangen. Die Spaghetti sofort in die Pfanne mit dem Speck geben, kurz darin schwenken und von der Kochstelle nehmen.

Das Eigelb und einen kleinen Schöpflöffel Nudelkochwasser hinzufügen, alles kräftig durchmischen und mit Salz und Pfeffer abschmecken.

Die Spaghetti alla Carbonara auf vorgewärmte Teller verteilen, mit dem restlichen Pecorino Romano bestreuen und mit reichlich Pfeffer übermahlen.

ALTERNATIVE SORTEN

Für diesen Klassiker der römischen Küche können Sie anstelle der Spaghetti andere lange Pastasorten verwenden wie Spaghetti alla Chitarra und Vermicelli.

SPAGHETTI MIT TOMATENSAUCE

ZUBEREITUNGSZEIT: **30 Minuten**
KOCHZEIT: **8 Minuten**
SCHWIERIGKEITSGRAD: **LEICHT**

ZUTATEN FÜR VIER PERSONEN

350 g Spaghetti von Barilla
100 g Zwiebeln
1 Knoblauchzehe
30 ml natives Olivenöl
600 g geschälte Tomaten oder Tomatenfleisch
Salz und Pfeffer aus der Mühle
40 g geriebener Parmigiano Reggiano
8 Blätter Basilikum
1 Prise Zucker nach Belieben

Die Zwiebeln schälen und fein hacken. Die Knoblauchzehe schälen. In einer Kasserolle das Öl erhitzen und die Zwiebel mit der Knoblauchzehe darin anschwitzen. Wenn die Zwiebel eine schöne goldgelbe Färbung erreicht, die Schältomaten dazugeben und alles salzen und pfeffern.

Die Sauce bei guter Hitze rund 20 Minuten kochen, dabei ab und zu umrühren und die Tomatenstücke mit dem Kochlöffel zerdrücken.

Inzwischen das Basilikum waschen, trockenschütteln und zerpflücken. Zuletzt die Knoblauchzehe entfernen und das Basilikum hinzufügen. Sollten die Tomaten zu sauer sein, mit etwas Zucker nach Belieben ausgleichen.

Die Spaghetti in kochendem Salzwasser bissfest kochen, abgießen, mit der Tomatensauce anrichten und mit geriebenem Parmigiano Reggiano bestreuen.

ALTERNATIVE SORTEN

Die Sauce eignet sich sowohl für lange als auch für kurze Pastasorten. Unter den verschiedenen Sorten empfehlen wir die, die die Sauce am besten zur Geltung bringen: Penne Rigate oder Lisce, Farfalle, Fusilli, Bavette, Spaghettini und unter den Eiernudeln Tagliatelle.

SPAGHETTI MIT VENUSMUSCHELN

ZUBEREITUNGSZEIT: 15 Minuten
KOCHZEIT: 8 Minuten
SCHWIERIGKEITSGRAD: LEICHT

ZUTATEN FÜR VIER PERSONEN

350 g Spaghetti von Barilla
300 g reife Tomaten
300 g Venusmuscheln
50 ml natives Olivenöl
1 Knoblauchzehe
1 Bund Petersilie
100 ml Weißwein
1 Peperoncino
Salz

Die Tomaten in kochendem Wasser brühen, abschrecken und häuten. Strunk und Kerne entfernen und das Fruchtfleisch in palten schneiden. In einer Kasserolle die Venusmuscheln mit 25 ml Öl, der Knoblauchzehe, der Petersilie, dem Weißwein und einem Stückchen Peperoncino aufkochen und bei schwacher Hitze kochen lassen, bis sich die Muscheln geöffnet haben. Ungeöffnete Muscheln wegwerfen. Die Muscheln in ein Sieb abgießen und den Kochsud auffangen. Den Kochsud filtern und das Muschelfleisch aus den Schalen lösen. Einige Muscheln zum Garnieren in den Schalen lassen, die übrigen Schalen wegwerfen.

In einer anderen Kasserolle das restliche Öl erhitzen, die Tomatenstreifen dazugeben, salzen und alles bei mäßiger Hitze kochen lassen. Die Venusmuscheln und ihren Kochsud zu den Tomaten geben und das Muschelragout mit Salz und Pfeffer abschmecken. Die Spaghetti in kochendem Salzwasser bissfest kochen, abgießen und mit der Venusmuschelsauce anrichten.

ALTERNATIVE SORTEN
Diese duftende Sauce passt gut zu einer langen Pastasorte. Zum Beispiel: Bavette, Vermicelli und Spaghettini.

I ♥ love Pasta

SPAGHETTI MIT MARINIERTER TOMATE UND HARTEM RICOTTA

ZUBEREITUNGSZEIT: 10 Minuten
RUHEZEIT: 2 Stunden
KOCHZEIT: 8 Minuten
SCHWIERIGKEITSGRAD: LEICHT

ZUTATEN FÜR VIER PERSONEN

350 g Spaghetti von Barilla
500 g gerippte Tomaten
50 ml natives Olivenöl
10 Blatt frischer Basilikum
1 Knoblauchzehe
Salz und Pfeffer
60 g harter Ricotta

Die Tomaten waschen, von den Kernen befreien und in dünne Spalten schneiden. Das Basilikum waschen, trockenschütteln und in feine Streifen schneiden.
Die Tomaten mit dem Öl, dem Basilikum, der geschälten und sehr fein gehackten Knoblauchzehe und Salz und Pfeffer in eine große Salatschüssel geben.

Das Ganze gut vermischen und einige Stunden an einem kühlen Ort marinieren lassen.

Die Spaghetti in reichlich kochendem Salzwasser bissfest garen, abgießen, mit den marinierten Tomaten vermischen und den harten Ricotta darüberreiben.

ALTERNATIVE SORTEN
Da diese Sauce sowohl mit langen als auch mit kurzen Pastasorten hervorragend schmeckt, können auch Sorten wie Vermicellini, Bavette, Rigatoni oder Orecchiette Pugliesi gewählt werden.

SPAGHETTINI MIT KNOBLAUCH, ÖL UND PEPERONCINO

ZUBEREITUNGSZEIT: 10 Minuten
KOCHZEIT: 5 Minuten
SCHWIERIGKEITSGRAD: LEICHT

ZUTATEN FÜR VIER PERSONEN

350 g Spaghettini von Barilla
2 Knoblauchzehen
1 Frischer Peperoncino
1 Bund Petersilie
Salz
70 ml natives Olivenöl
30 g Parmigiano Reggiano

Den Knoblauch schälen und in Scheiben schneiden. Den Peperoncino von Strunk und Kernen befreien und klein schneiden. Die Petersilie waschen, trockenschütteln und fein hacken.

Die Spaghettini in reichlich kochendem Salzwasser bissfest kochen. Inzwischen in einer großen Pfanne das Öl bei mittlerer Hitze erwärmen und den Knoblauch mit der Petersilie und dem Peperoncino dazugeben. Das Ganze etwas andünsten, dann mit einem kleinen Schöpflöffel Nudelkochwasser verdünnen. Am Ende der Kochzeit die Spaghetti abgießen und mit der Sauce vermischen, mit Salz und Pfeffer abschmecken, auf vorgewärmten Tellern anrichten und etwas Parmigiano Reggiano darüberreiben.

ALTERNATIVE SORTEN

Diese einfache und sehr schmackhafte Sauce passt vorzugsweise zu langen Pastasorten aus Hartweizengrieß. Zum Beispiel: Spaghetti, Vermicelli und Bavette.

I love Pasta

SPAGHETTINI MIT KNURRHAHN UND FRISCHEM OREGANO

ZUBEREITUNGSZEIT: 30 Minuten
KOCHZEIT: 5 Minuten
SCHWIERIGKEITSGRAD: MITTEL

ZUTATEN FÜR VIER PERSONEN

350 g Spaghettini von Barilla
200 g Strauchtomaten
500 g Knurrhahn oder Seehecht
1 Knoblauchzehe
1 Zweig frischer Oregano
60 ml natives Olivenöl
Schale einer unbehandelten Zitrone
etwas frisch gemahlener Pfeffer
Salz

Die Tomaten waschen und vierteln, den Knurrhahn filetieren, die Haut abziehen und das Fleisch würfeln. Die Knoblauchzehe schälen und fein würfeln. Den Oregano waschen, trockentupfen und fein hacken.

Das Olivenöl in einer Pfanne erhitzen und den Knoblauch darin anschwitzen. Wenn der Knoblauch goldbraun ist, die Tomaten und den Oregano hinzufügen und alles bei mittlerer Hitze 10 Minuten lang kochen lassen. Den Knurrhahn zu den Tomaten geben, die Sauce mit Salz und Pfeffer abschmecken und zugedeckt köcheln lassen, bis der Fisch gar, aber nicht trocken ist. Inzwischen die Zitronenschale abreiben und am Ende der Garzeit in die Tomatensauce rühren.

Inzwischen die Spaghettini in reichlich kochendem Salzwasser bissfest kochen, abgießen, abtropfen lassen und mit der Sauce mischen. Das Ganze mit etwas frisch gemahlenem Pfeffer bestäuben.

ALTERNATIVE SORTEN
Für dieses Rezept sind auch andere Pastasorten hervorragend. Sowohl kurze wie die Trofie als auch lange wie Vermicelli und Bavette.

VERMICELLI ALLA PUTTANESCA

ZUBEREITUNGSZEIT: 30 Minuten
KOCHZEIT: 13 Minuten
SCHWIERIGKEITSGRAD: LEICHT

ZUTATEN FÜR VIER PERSONEN

350 g Vermicelli von Barilla
30 g in Salz eingelegte Kapern
25 g Sardellenfilets in Öl
1-2 Knoblauchzehen
1 Peperoncino
30 ml natives Olivenöl
400 g geschälte Tomaten
Salz
50 g entsteinte schwarze Oliven
20 g gehackte Petersilie
schwarzer Pfeffer aus der Mühle

Die Kapern in ein Sieb abgießen und unter fließendem Wasser gründlich abspülen, um das überschüssige Salz zu entfernen. Mit den Sardellen ebenso verfahren. Beides grob hacken. Den Knoblauch schälen und in dünne Scheiben schneiden. Frischen Peperoncino waschen, von Strunk und Kernen befreien und in feine Streifen schneiden, getrockneten unter Verwendung von Einweghandschuhen zerbröseln.

In einer Kasserolle das Olivenöl erhitzen und den Knoblauch darin anschwitzen. Den Peperoncino dazugeben und kurz mitbraten, dann die Kapern und die Sardellenfilets dazugeben und zwei Minuten bei schwacher Hitze weiterkochen. Nun die geschälten Tomaten in die Kasserolle geben, bei großer Hitze aufkochen und salzen. Weitere. 5 Minuten bei mäßiger Hitze weiterkochen, ab und zu umrühren und die Tomatenstücke dabei mit dem Kochlöffel zerdrücken. Inzwischen die Oliven halbieren und kurz vor Ende der Garzeit zu den Tomaten geben. Die Sauce mit Salz und Pfeffer abschmecken.

Die Vermicelli in kochendem Salzwasser bissfest kochen, abgießen und mit der Sauce und etwas gehackter Petersilie anrichten.

ALTERNATIVE SORTEN

Für dieses typische Gericht der neapolitanischen Küche können Sie auch andere lange Pastasorten verwenden wie Spaghetti, Bavette und Spaghettini.

VERMICELLI MIT MIESMUSCHELN

ZUBEREITUNGSZEIT: 1 Stunde
KOCHZEIT: 13 Minuten
SCHWIERIGKEITSGRAD: MITTEL

ZUTATEN FÜR VIER PERSONEN

350 g Vermicelli von Barilla
800 g Miesmuscheln
5 Blätter Basilikum
1 Bund Petersilie
1 Knoblauchzehe
Peperoncino
60 ml natives Olivenöl
500 g geschälte Tomaten
Salz und Pfeffer aus der Mühle

Die Miesmuscheln unter fließendem Wasser gut waschen, feste Ablagerungen abkratzen und den Bart entfernen. Die Kräuter waschen, trockentupfen und nicht zu fein hacken. Die Knoblauchzehe schälen, den Peperoncino entkernen.

In einer Kasserolle das Olivenöl erhitzen, den Knoblauch, den Peperoncino und die gehackte Petersilie dazugeben und kurz anschwitzen. Die Miesmuscheln dazugeben und bei kräftiger Hitze garen, bis sie sich öffnen. Ungeöffnete Muscheln herausnehmen und wegwerfen. Sobald sich die Muscheln geöffnet haben, abgießen und den Kochsud auffangen. Das Muschelfleisch aus den Schalen nehmen und zurück in den Kochsud geben. Die Schältomaten zu den Muscheln geben, das Ganze salzen und pfeffern und ein paar Minuten kochen. Dabei die Tomatenstücke mit einem Kochlöffel zerdrücken.

Die Vermicelli in kochendem Salzwasser bissfest kochen, abgießen und mit dem Basilikum in der Muschelsauce schwenken.

ALTERNATIVE SORTEN
Mit dieser klassischen Muschelsauce sind auch Spaghetti, Bavette oder Lasagnette hervorragend.

VERMICELLINI MIT TINTENFISCHTINTE

ZUBEREITUNGSZEIT: 5 Minuten
KOCHZEIT: 11 Minuten
SCHWIERIGKEITSGRAD: LEICHT

ZUTATEN FÜR VIER PERSONEN

350 g Vermicellini von Barilla
400 g San Marzano-Tomaten
1 Knoblauchzehe
1 Peperoncino
15 g Tintenfischtinte
35 ml natives Olivenöl
30 g gehackte Petersilie
Salz

Die Tomaten waschen, die Kerne entfernen und das Fruchtfleisch in Würfel schneiden.

Die Knoblauchzehe schälen, den Peperoncino von Strunk und Kernen befreien und klein schneiden.

Die Vermicellini in reichlich kochendem Salzwasser bissfest kochen.

In der Zwischenzeit das Öl in einer Kasserolle mit der ganzen Knoblauchzehe erhitzen, dann die Petersilie (etwas davon zum Garnieren aufheben) und den Peperoncino dazugeben. Eine Minute lang anbraten und dann die gewürfelten Tomaten hinzufügen. Die Sauce eine weitere Minute lang kochen, dann die Tintenfischtinte dazugeben und mit einem Schöpflöffel Kochwasser verdünnen. Bei schwacher Hitze 2-3 Minuten köcheln lassen und mit Salz abschmecken.

Am Ende der Kochzeit die Vermicellini abgießen und in den Topf mit der Sauce geben. Das Ganze vermengen und mit der restlichen Petersilie bestreuen.

ALTERNATIVE SORTEN

Dieses Rezept passt zu langer Pasta aus Hartweizengrieß oder zu langen Eiernudeln. Anstelle der Vermicellini können Sie folgende Sorte wählen: Spaghettini, Spaghetti und unter den Eiernudeln Tagliolini und Spaghetti alla Chitarra.

I ♥ love Pasta

ZITI NAPOLETANI MIT FRITTIERTEN AUBERGINEN UND FLEISCHBÄLLCHEN

ZUBEREITUNGSZEIT: 1 Stunde
KOCHZEIT: 10 Minuten
BACKENZEIT: 6 Minuten
SCHWIERIGKEITSGRAD: MITTEL

ZUTATEN FÜR VIER PERSONEN

350 g Ziti Napoletani von Barilla
1 altbackenes Brötchen
50 ml Milch
150 g Rinderhack
80 g geriebener Parmigiano Reggiano
20 g gehackte Petersilie
Salz und Pfeffer aus der Mühle
30 g Mehl
50 ml natives Olivenöl
50 g Zwiebel
50 g Karotten
50 g Staudensellerie
1 Knoblauchzehe
400 g geschälte Tomaten aus der Dose
300 g Auberginen
30 g Paniermehl
Olivenöl zum Frittieren
5-6 Blätter Basilikum

ALTERNATIVE SORTEN

Das Rezept ist auch mit diesen Pastasorten ideal: Tortiglioni, Maccheroncini Spezzati und Vermicelli.

Die Rinde vom Brötchen entfernen und den Rest in der Milch einweichen. Ausdrücken, zerkleinern und mit dem Hackfleisch, einem Drittel des Parmigiano Reggiano und der gehackten Petersilie vermengen. Salzen und pfeffern. Aus der Hackfleischmasse kleine Bällchen formen und im Mehl wälzen. In einer Pfanne 30 ml Olivenöl erhitzen, die Fleischbällchen darin knusprig braten, auf Küchenkrepp abtropfen lassen und warm stellen. Die Zwiebel schälen, den Staudensellerie und die Karotte putzen und waschen. Alles grob hacken. Das restliche Olivenöl in der Pfanne mit der Knoblauchzehe erhitzen und das Gemüse darin anschwitzen. Die Tomaten dazugeben, salzen und pfeffern und bei lebhafter Hitze etwa 10 Minuten kochen und auch die Fleischbällchen hinzufügen. Die Auberginen schälen und in 1 Zentimeter große Würfel schneiden. Die Auberginenwürfel in reichlich heißem Olivenöl frittieren, mit einer Schaumkelle herausnehmen und auf Küchenkrepp abtropfen lassen. Mit einem Sägemesser alle Ziti Napoletani leicht zweimal quer einschneiden, um sie dann sauber zerbrechen zu können. Dann in drei Teile brechen und in reichlich kochendem Salzwasser bissfest kochen. Inzwischen die Fleischbällchen in der Tomatensauce erhitzen und das Ganze abschmecken.

Am Ende der Kochzeit die Ziti Napoletani abgießen und mit der Sauce und den Auberginen mischen. Auf vorgewärmten Tellern anrichten und mit dem restlichen Parmigiano Reggiano bestreuen. Zuletzt die Basilikumblätter grob zerpflücken und das Gericht damit bestreuen. Nach Belieben können Sie sie die Pasta in eine geölte feuerfeste Form geben, mit dem restlichen Parmigiano Reggiano und dem Paniermehl bestreuen, mit Olivenöl beträufeln und bei 200 °C 5-6 Minuten lang im Ofen überbacken.

ZITI NAPOLETANI MIT TOMATE UND BROT GRATINIERT

ZUBEREITUNGSZEIT: 30 Minuten
KOCHZEIT: Wie auf der Packung angegeben
BACKENZEIT: 6 Minuten
SCHWIERIGKEITSGRAD: EINFACH

ZUTATEN FÜR VIER PERSONEN

350 g Ziti Napoletani von Barilla
600 g vollreife Tomaten
50 g Zwiebeln
50 g Staudensellerie
50 g Karotten
1 Knoblauchzehe
5-6 Blätter Basilikum
50 ml natives Olivenöl
Salz und Pfeffer aus der Mühle
30 g Paniermehl

Die Tomaten in kochendem Wasser brühen, schälen und entkernen. Die Zwiebeln schälen, den Staudensellerie und die Karotte waschen. Das Gemüse in kleine Würfel schneiden. Die Knoblauchzehe schälen und mit der flachen Messerklinge zerdrücken. Das Basilikum waschen, trockentupfen und in grobe Stücke schneiden.

Den Backofen auf 200 °C vorheizen. In einer Kasserolle 30 ml Olivenöl erhitzen und Zwiebel, Sellerie, Karotten sowie den Knoblauch darin anschwitzen. Das Tomatenfleisch dazugeben, alles salzen, pfeffern und bei lebhafter Hitze rund 10 Minuten kochen.

Inzwischen alle Ziti Napoletani mit einem Sägemesser zweimal quer leicht einschneiden, dann in drei Teile brechen und in reichlich Salzwasser bissfest kochen. Die Pasta abgießen, mit der Sauce und dem zerkleinerten Basilikum mischen. Das Ganze in eine mit Öl bestriche feuerfeste Form geben, mit dem Paniermehl bestreuen, mit dem restlichen Öl beträufeln und im heißen Ofen 5-6 Minuten überbacken.

ALTERNATIVE SORTEN
Zu diesem einfachen und appetitanregenden Rezept passen auch andere Pastasorten hervorragend, zum Beispiel: Tortiglioni, Rigatoni und Pipe Rigate.

KURZE PASTA

HYMNE AN DIE PHANTASIE

I ♥ love Pasta

Die kurzen Pastasorten sind zweifelsohne jene mit der größten Vielzahl an Formen, Konsistenzen, Beschaffenheiten und Größen – von den beiden sich umarmenden „S" der Casarecce bis zu den fröhlichen Farfalle mit gezahnten Flügeln, von den linearen Penne, seien sie glatt oder mit Rillen, zu den Castellane, die sich an den Röcken der Edelfrauen an den mittelalterlichen Höfen inspirieren, von den soliden hohlen Spiralen der Cellentani zum schlankeren Schneckengewinde der Fusilli.
Wenn die kurze Pasta auch eine große Vielseitigkeit bei der Kreation der Saucen gestattet, die sie begleiten können, so darf doch auch in diesem Fall, wie für jeden anderen Pastatyp, die Verbindung mit der Sauce nicht dem Zufall überlassen werden. Sie muss perfekt sein, beziehungsweise gut getroffen. Einfache und kräftige Sorten mit ausgeprägter Persönlichkeit wie die Tortiglioni aus Neapel und die in Rom entstandenen Rigatoni eignen sich für dicke und gehaltvolle Saucen wie zum Beispiel eine Käsesauce aus Parmigiano Reggiano und Balsamessig aus Modena, ein Fleischragout oder Saucen mit rustikalem und schlichtem Geschmack wie eine Paprika-Zwiebel-Sauce. Etwas Anderes gilt für ein zartes und sanftes Format wie die Pipette Rigate, die die Sauce eifersüchtig in ihrem Inneren hüten, um sie dann im Mund preiszugeben: Sie eignen sich für leichte Saucen aus Gemüse oder Käse oder eine klassische Sauce aus frischen Tomaten mit Basilikum.
Im Allgemeinen sind die kleinen und vor allem für Kinder anziehenden Mini-Formate der kurzen Pasta hervorragend mit farbigen vegetarischen Saucen oder Gemüsecremes zu kombinieren, wie die Mini-Farfalle mit Blumenkohl- oder Kürbissauce, während die kurzen Vollkorn-Pastasorten im Vergleich zu ihren "weißen" Schwestern gut zu kräftigeren Begleitern passen wie die Vollkorn-Pennette Rigate mit Tomatensauce, Wirsing und geräuchertem Provola.
Viele kurze Pastasorten sind für einige italienische Landesgebiete typisch und eignen sich für bestimmte Saucen, die durch Kreativität und Geschichte geprägt sind. Die Gnocchetti Sardi sind am besten mit Lamm- oder Fischsauce, die ligurischen Trofie mit dem Pesto alla Genovese oder Walnusssauce, während die Orecchiette Pugliesi mit Rapsspitzen oder duftenden mediterranen Saucen wie solchen mit Oliven, Tomaten und Auberginen hervorragend sind.

CASARECCE SICILIANE

IN DER GETROCKNETEN VERSION MIT PESTO ALLA SICILIANA ODER NUSSSAUCE.

Sizilien, Süditalien.

Vom römischen Wort *Casareccio* für ein hausgemachtes Produkt. Es handelt sich ganz offensichtlich um eine hausgemachte Sorte, die erst in neuerer Zeit auch industriell hergestellt wird.

Es handelt sich um eine typische Sorte aus Hartweizengrieß sizilianischer Herkunft, die durch die doppelte Kräuselung der Pasta gekennzeichnet ist – ideal, um die Sauce aufzunehmen. Traditionell werden die Casarecce mit Pesto angerichtet, einer roh zubereiteten Sauce, die sich daher auch sehr gut für die Sommerzeit eignet. Sie besteht aus Tomaten, Basilikum, Öl und Ricotta. Manchmal werden auch Mandeln hinzugefügt.

Giovan Battista Crisci erwähnt in seinem»*Lucerna de Corteggiani*, das 1634 in Neapel veröffentlicht wird, eine lange Liste an Pastasorten, die zu seiner Zeit bekannt waren: „*Menestre di pasta: Lagenelle di Monache, Maccaroni incavati di Bari. Maccaroni di Palermo, Tagliarini d'ova, Tagliarini di Cagliari, Tagliarini di mollica, Vermicelli siciliani, Vermicelli d'ingegno, Vermicelli d'amito.*" *Diese „Maccheroni incavati" sind nichts anderes als die* Cavatieddi, *die sicherlich bereits vor 1634 (Jahr des Erscheinens des Buchs von Crisci) nach Neapel exportiert wurden und auf den Tafeln des Hofes einen guten Eindruck machten.*
Aus: Crisci Giovan Battista, *Lucerna de Corteggiani, wobei es sich im Dialog im Allgemeinen um die Höfe handelt so wie auch um die 24 „Officii nobili" und die Vielfalt der Lebensmittel für das ganze Jahr und jeden Sonntag. Et altri banchetti Divisa in sei Capitoli (Und andere Bankette, unterteilt in sechs Kapitel)*, Neapel (I), Roncaglione, 1634, S. 302.

LANGE, FLACHE PASTA AUS HARTWEIZENGRIESS
Durchschnittliche Größe:
Länge 50,00 mm • Breite 5,10 mm • Stärke 1,30 mm

CASTELLANE

GETROCKNET, MIT KÄSE-, GEMÜSE- ODER KÜRBISSAUCE.

Alle Regionen Italiens.

Der Name bezieht sich auf den Begriff *castello* (Burg) und *castellano*, als Herr der Burg verstanden, und inspiriert sich an dem langen Gewand, das den Adligen und Prinzen zugeschrieben wird.

Eine Sorte von außerordentlicher Eleganz und Schönheit, doch gleichzeitig mit einer hervorragenden Fähigkeit, die Sauce zu „erobern", ist sie eine Kreation des Zieheisenherstellers Carlo Mori, Designer *von Barilla, und wurde 1987 unter den "Esclusivi di Barilla", zusammen mit den* Bifore *(mit dem B-Profil), den* Trifogli *(Spaghetti mit drei Rillen, die deren Kochzeit verkürzen) und den* Nicchiole, *die sich an der Form der Pilze inspirieren und gierig die Saucen einfangen, präsentiert.*

KURZE PASTA AUS HARTWEIZENGRIESS
Durchschnittliche Größe:
Länge 40,50 mm • Durchmesser 16,50 mm • Stärke 1,10 mm

CELLENTANI / CELLENTANI INTEGRALI

GETROCKNET MIT FISCH- ODER THUNFISCHSAUCEN.

Süditalien.

Sie haben die Form von Federn und ihr Name inspiriert sich an dem fast gleichnamigen italienischen Sänger, Adriano Celentano, der bei seinem Debüt in den 60er Jahren wegen seiner typischen Bewegungen auf der Bühne den Spitznamen "der Gefederte" bekam.

Von Barilla in den 1960er Jahren eingeführte Sorte. Sie weisen eine hohle Spiralform auf. Sie inspirieren sich an der Bewegung des fast gleichnamigen Schlagersängers, der in den 60er Jahren den Spitznamen „der Gefederte" bekam. Sie sind eine Ableitung der kurzen hohlen Fusilli mit der charakteristischen gerillten Oberfläche, die sich auch dank der wiederholten Krümmungen gut dazu eignet, fischhaltige Saucen aufzunehmen.

KURZE HOHLE PASTA AUS HARTWEIZENGRIESS
Durchschnittliche Größe:
Länge 34,00 mm • Durchmesser 5,80 mm • Stärke 1,03 mm

CONCHIGLIE RIGATE

IN DER GETROCKNETEN VERSION MIT TOMATENSAUCE, EINFACHEN GEMÜSESAUCEN UND FLEISCHSAUCEN.

Alle Regionen Italiens. Die großen Sorten vor allem in Kampanien.

Die Bedeutung, die in der italienischen Sprache offensichtlich ist, bezieht sich auf die aufgerollte Form der Muschelschalen. Conchiglie werden je nach Gebiet auch *Abissini, Arselle, Cinesini, Coccioline, Conchigliette, Tofarelle* oder *Tofettine* genannt. Die großen Sorten heißen dann *Conchiglioni*.

Auch wenn sie den gleichen Namen tragen, gibt es in den Katalogen der Pastahersteller Dutzende von Varianten in Muschelform. Die »Geburt« dieser Sorte ist wahrscheinlich einem Fehler geschuldet, wie es in der Geschichte so oft passiert. Ein für eine hohle Sorte geplantes Zieheisen führte aufgrund einer leicht diagonalen Öffnung zum Entstehen geknickter Rohre (wie Pipe oder Gomiti) und nachdem man den Mechanismus verstanden und die Öffnung noch weiter abgeschrägt hatte, zur Herstellung der Conchiglie, glatt oder mit Rillen, kaum geöffnet oder stark gekrümmt und dann in verschiedenen Größen produziert bis zu den größten, die für Gemüse-, Käse- oder Fleischfüllungen verwendet werden.

Ironie, Symbolik und naturalistische Erinnerung versteckt sich in den Pastasorten einer amüsanten Seite von Cesare Marchi aus *Quando siamo a tavola (Wenn wir bei Tisch sind): „Die Pasta löst im Gehirn einen Walzer aus Metaphern aus... Einige kommen aus der Zoologie und da haben wir dann Conchigliette (Muscheln), Chiocciole (Schnecken), Creste di gallo (Hahnenkämme), Code di rondine (Schwalbenschwnze), Occhi di elefante (Elefantenaugen), Vermicelli (Würmchen), Lumaconi, Linguine und Orecchiette. Aus der Botanik: Fiori di sambuco (Holunderblüten), Gramigna (Gras), Sedani (Staudensellerie). "*
Aus: Marchi Cesare, *Quando siamo a tavola (Wenn wir bei Tisch sind).* Mailand (I), Rizzoli, 1990.

KURZE PASTA AUS HARTWEIZENGRIESS
Durchschnittliche Größe der Conchiglie:
Länge 18,5 mm • Breite 29,40 mm • Stärke 1,25 mm
Durchschnittliche Größe der Coquillettes:
Länge 10,00 mm • Durchmesser 3,25 mm • Stärke 0,80 mm

FUSILLI / FUSILLI INTEGRALI / MINI FUSILLI

IN DER GETROCKNETEN VERSION, MIT RAGOUT ALLA NAPOLETANA, FLEISCHSAUCEN, RICOTTA. DIE KURZEN SORTEN EIGNEN SICH AUCH FÜR KALTE PASTA-SALATE.

Mittel- und Süditalien und Sardinien.
Die industriell hergestellte Sorte findet sich in ganz Italien.

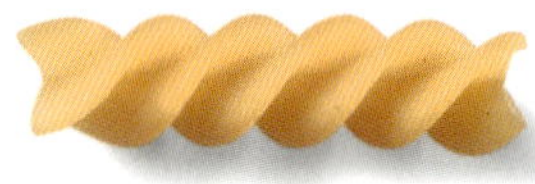

Man nehme eine hausgemachte Spaghettinudel, rolle sie um eine Stricknadel und ziehe sie lang. Man erhält so einen schlangenförmigen Pastafaden. Anhand der industriellen Verarbeitung wurden die Fusilli mit Loch perfektioniert. Der Begriff leitet sich von dem italienischen Wort *fuso* (*Spindel*) ab, das das Holzinstrument für das Spinnen von Hand bezeichnet, das wegen des Drehens an den Vorgang zum Formen der Pasta erinnert. Es gibt je nach Länge eine große Vielzahl lokaler Bezeichnungen für sie, die auf die enorme Verbreitung in Italien hinweisen: *Strangolapreti* in vielen Regionen, in Venetien und im Friaul werden sie *Subioti* genannt, in den Abruzzen, Molise und Latium *Ciufolitti*, doch auch *Gnocchi col ferro* (mit der Stricknadel), *Lombrichelli* und *Maccheroni a ferrittus* (oder ähnliche Ausdrücke) in Apulien, Basilikata und Sardinien. In der industriellen Herstellung werden auch Sorten mit gekrümmten Flügeln *Fusilli* genannt wie *Eliche*, *Gemelli* und *Spirali*, so dass manchmal Verwirrung hinsichtlich des Begriffs entsteht.

Die Fusilli, die mit Sicherheit arabischer Herkunft sind, sind auf den Inseln dokumentiert, von denen aus der islamische Vormarsch in den Mittelmeerraum begann: busiati *werden sie in Sizilien genannt und* busi *in Sardinien, beides Begriffe, die vom Arabischen* bus *stammen, was nicht die Öffnung in der Mitte, sondern den dünnen Stab bezeichnet, um den die Pasta zur Herstellung der Fusilli gewickelt wird. Dieses besondere System der Pastaverarbeitung ist seit dem 15. Jahrhundert unter dem Begriff* Strangolapreti *dokumentiert und hat in den mittleren und südlichen Gebieten des Landes große Verbreitung gefunden und von dort aus im Rest Italiens.*
Die industrielle Herstellung geht auf das Jahr 1924 zurück, als die Brüder Guido und Aurelio Tanzi, die nach New York emigriert waren, eine Maschine in Betrieb nahmen, die fusilla *genannt wurde und es zum ersten Mal ermöglichte, eine Pasta mit einer zentrierten, perfekten und gleichmäßigen Öffnung in der Mitte herzustellen.*
Jede Region hat ihre eigenen Varianten des Namens, der Größe und der gastronomischen Traditionen für die Saucen: in Sizilien mit Pesto alla Trapanese, in Apulien dagegen, doch auch im Latium, hat die Verbreitung der Schafzucht Saucen mit Lammfleisch den Vorzug gegeben. In der Basilikata, wo sie mit Salamisauce und Meerrettich am Faschingsdienstag das Hauptgericht war, wurden dem fusillo auch Fähigkeiten bei der Vorhersage des Geschlechts ungeborener Kinder zugeschrieben: Eine Nudel, die allein in kochendes Wasser geworfen wurde, sagte, wenn sie gerade blieb, einen Jungen voraus, bei horizontaler Position dagegen wurde es ein Mädchen. In Kalabrien will es die Tradition, dass ein junges Mädchen Gefahr läuft, unverheiratet zu bleiben, wenn sie dem Verlobten nicht beweist, die 15 Arten der Pastazubereitung zu kennen und die Fusilli sind die erste Sorte unter denen, die bei der "Probe" zu kochen sind.

„In Kalabrien läuft ein junges Mädchen Gefahr, ihr Leben lang unverheiratet zu bleiben, wenn sie dem Verlobten nicht beweist, die 15 Arten der Pastazubereitung zu kennen: Fusilli, Filitelli, Paternostri, Lasagne, Fettuccine, Capelli d'Angelo... *Der Verlobte muss an diesem Tag vergessen, dass er diese Frau liebt. Mit einem Stein am Platz des Herzens kommt er - vielleicht in Begleitung des Taufpaten - als unnachgiebiger, unbeugsamer Prüfer ins Haus der Verlobten. Er probiert hier, er probiert da. Wie ist die Pasta? Vielleicht ein wenig zu gar. Und die Sauce, ist sie nicht zu fade? Mit ein wenig Salz wird alles gut... Die junge Frau hält ihm den Teller mit zitternder Hand hin.*
Der Verlobte hebt, um sich nicht beeinflussen zu lassen, die Augen nicht, doch stellen wir uns nur vor, was für eine Tragödie er in diesem Moment im Konflikt zwischen Herz und Magen erlebt!".
Aus: Morbelli Riccardo, *Il boccafina, ovvero il gastronomo avveduto (Der Feinschmecker oder der umsichtige Gastronom)*. Rom (I), Casini 1967, S. 47.

LANGE ODER KURZE HOHLE PASTA AUS HARTWEIZENGRIESS
Durchschnittliche Größe fusilli:
Länge 37,00 mm • Durchmesser 9,65 mm • Stärke 1,26 mm
Durchschnittliche Größe mini fusilli:
Länge 26,00 mm • Durchmesser 7,00 mm • Stärke 1,00 mm

FARFALLE / MINI FARFALLE

IN DER GETROCKNETEN VERSION MIT EINFACHEN SAUCEN MIT ÖL, BUTTER, TOMATE ODER SAUCEN MIT VERSCHIEDENEN KÄSESORTEN. IDEAL AUCH FÜR SOMMERLICHE PASTASALATE.

Alle Regionen Italiens. Häufig in Ligurien.

Der Begriff, der in der italienischen Sprache eindeutig ist, inspiriert sich an den Flügeln der Schmetterlinge, denen die Sorte ähnelt. Sie werden auch *Stricchetti* genannt, abgeleitet von einer Dialektform des Verbs *stringere (zusammendrücken)* mit Bezug auf die Verengung in der Mitte, oder *Galani*, abgeleitet vom Namen der Fliege, die zum *Smoking* getragen wird. In Umbrien werden sie *Fiocchetti* genannt, in den Abruzzen und in Apulien *Nocchette*, abgeleitet vom süditalienischen Wort *Nocca*, mit dem ein geknotetes Band bezeichnet wird.

Die Farfalle erinnern in ihrer Form an die anmutigen, bunten Kreaturen, die in unseren Gärten herumschwirren. Die breiten Flügel der Pasta nehmen die Sauce auf und halten sie in der Biegung in der Mitte zurück, während diese dem Gaumen eine Konsistenz bietet, die die Sauce besser zur Geltung bringt. Ursprünglich aus einem mit dem Nudelholz ausgerollten Teigblatt hergestellt und von Hand zusammengedrückt, wurden die Farfalle wegen diesem Merkmal auch »Stricchetti« genannt.

Symboliken und naturalistische Erinnerungen verstecken sich unter den Pastasorten einer amüsanten Seite von Cesare Marchi: *„Die Pasta löst im Gehirn einen Walzer aus Metaphern aus: Spaghetti, Spaghettini, Penne, Pennoni, Rigatoni, Bucatoni, Fidelini, Trenette, Tortiglioni. Einige kommen aus der Welt der Zoologie und da haben wir die Farfalle, die Farfalline, die Conchiglie, die Chiocciole, andere aus der Religion: die Capelli d'angelo (Engelshaare), die Maniche di frate (Ordensbrüderärmel), die Avemmaria (Ave Maria), die Cappelli da prete (Pfaffenhüte)."*

In: Marchi Cesare, *Quando siamo a tavola (Wenn wir bei Tisch sind)*. Mailand (I), Rizzoli, 1990.

KURZE, IN DER MITTE ZUSAMMENGEDRÜCKTE PASTA AUS EINEM TEIGBLATT AUS HARTWEIZENGRIESS

Durchschnittliche Größe der Farfalle:

Länge 32,50 mm • Breite 24,00 mm • Stärke 1,10 mm

Durchschnittliche Größe der mini farfalle:

Längemm 22,50 • Breite 14,50 • Stärke mm 0,90

GNOCCHETTI SARDI

IM ALLGEMEINEN AUS GETROCKNETER PASTA ZUBEREITET, PASSEN SIE GUT ZU ROBUSTEN FLEISCH- UND WURSTSAUCEN, DIE MIT PECORINO BESTREUT WERDEN. BELIEBT SIND SIE AUCH MIT FRISCHEN, IN STÜCKCHEN GESCHNITTENEN TOMATEN UND BASILIKUM ODER MIT TOMATEN, RICOTTA UND KÄSE.

Sardinien. Die industriell hergestellte Sorte ist in ganz Italien verbreitet.

Der Begriff Gnocco (Klößchen) stammt vielleicht von dem venezianischen Wort *gnoco*, das sich wohl vom langobardischen *knohha*, Knöchel, ableitet, das das Fingergelenk, aber auch Knoten von Bäumen bezeichnet. Mit dem Begriff *Gnocco* werden zahlreiche Sorten bezeichnet, die jedoch alle von der Form eines unregelmäßigen Stücks Pasta abstammen, das manuell zu einer Teigkugel geformt und mit den Fingern ausgezogen wird. Der Gnocchetto sardo ist vor allem durch seine geringe Größe und die Rillen gekennzeichnet. Im lokalen Dialekt nennt man ihn auch *Malloreddus*, was *Kälbchen* oder *kleine Stiere* bedeutet und vermutlich vom lateinischen *malleolus* abstammt, das bereits die alten Römer zur Bezeichnung einer Art von Gnocchi verwendeten.

Gnocchetti sind typische Pastasorten katalanischen Ursprungs, die bereits vor sehr langer Zeit aus Grießteig, den man mit Safran färbte, zubereitet wurden. Sie haben die Form eines Klößchens mit einem Loch in der Mitte oder besser einer breiten Höhlung, genau wie die Gnocchi. In Sardinien werden sie Malloreddus *oder auch* Macherones caidos *genannt und mit im Wasserbad geschmolzenem Schafskäse, mit Sahnesauce oder aber mit geriebenem trockenen Ricotta gereicht. Ursprünglich wurden sie von Hand hergestellt, indem kleine Pastascheiben über einen „Kamm" oder ein Webrahmenteil gezogen wurden. Man reichte sie zum Verlobungsessen, bei dem die jungen Leute aus demselben Teller aßen, und später zum Hochzeitsessen.*

Antonio Frugoli (17. Jahrhundert) aus Lucca beschreibt in seinem Werk Pratica e scalcaria (Übung und Schneiden von gekochtem Fleisch), *das 1631 in Rom herausgegeben wurde, ein Staatsbankett, das am 11. Februar 1625 abgehalten wurde und zu dessen Gängen auch »*die Maccheroni von Sardinien«, gehörten, *d. h. die Gnocchetti Sardi.*

Aus: Frugoli Antonio, *Pratica e scalcaria (Übung und Schneiden von gekochtem Fleisch)*, Rom (I), Francesco Cavalli, 1631. Bd. IV, S. 464.

KURZE PASTA AUS HARTWEIZENGRIESS

Durchschnittliche Größe:

Länge 8,40 mm • Breite 8,40 mm • Stärke 1,22 mm

GNOCCHI AUS HARTWEIZENGRIESS

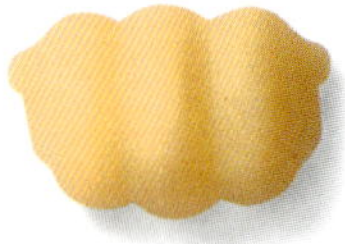

IN GETROCKNETER VERSION MIT BUTTER UND KÄSE, FLEISCHSAUCEN UND IM OFEN ÜBERBACKEN ODER MIT GEMÜSESAUCEN UND ALS SALAT.

Ursprünglich aus dem Latium, sind typisch für die römische Küche. Da es sich um eine elementare Form handelt, sind sie in anderen Varianten auch im Trentino, im Friaul, in Umbrien und Sardinien verbreitet.

Die gezogenen Gnocchi aus Hartweizengrieß erinnern an eine Muschel. Die Gnocchi aus Grieß »alla Romana« erhält man, indem der gekochte Grieß in Rauten oder unregelmäßige Stücke geschnitten wird, die etwas übereinander liegend geschichtet werden. Sie werden im Allgemeinen *Gnocchi alla Romana* genannt. Im Trentino und im Friaul heißen sie *Canederli di Gries* und in Sardinien *Pillas*.

In der Vergangenheit wurde dieser Begriff für Teigfragmente oder Teigkrümel verwendet, die unterschiedlich geformt wurden, und im Spätmittelalter und der Renaissance wurde er zu einem Synonym für Teig. Die Gnocchi aus Grieß sind vermutlich die Nachfahren der Puls oder Polenta aus Getreide, die den alten Römer als Grundnahrungsmittel diente. Reste von Polenta, die man in Stücke schnitt, führten dann zur Entstehung der überbackenen Gnocchigerichte, wie diese für Rom und das Latium typisch sind. Die gezogene Form, die heute Gnocco genannt wird, nähert sich dagegen der Muschelform an und eignet sich gut dazu, in ihrem Hohlraum frische Saucen im Sommer und deftige im Winter aufzunehmen.

In einer *Ode an das Mehl*, einem in lateinischer Sprache abgefassten Frühwerk des großen Historikers Ludovico Antonio Muratori (1672-1750), werden unter den anderen Pastasorten auch die *Gnocchi erwähnt: „Warum reißt du die Augen auf, oh Muse? Siehst du die mit Käse bestreuten Maccheroni erstaunt an? Sie sind Kinder des Mehls. Fragt die Bäcker, die ihr sehr zugetan sind, und sie werden Euch die Gnocchi zeigen, die Ravioli ... “*
Aus: Sada Luigi, *Spaghetti e Compagni (Spaghetti und Kompagnon)*. Herausgaben des Centro Librario, Bibliothek »*La Taberna*«. Bari (I), 1982, S. 45-46.

KURZE PASTA AUS HARTWEIZENGRIESS
Durchschnittliche Größe:
Länge 16,50 mm • Breite 25,00 mm • Stärke 1,28 mm

MEZZE MANICHE RIGATE

AUS GETROCKNETER PASTA MIT FRISCHER TOMATE ODER EINFACHEN SAUCEN MIT BUTTER.

Vorrangig in Mittel- und Süditalien.

Der Begriff bezieht sich wegen der Schlauchform auf den Kleiderärmel, die damit bezeichnete Nudelsorte kommt in verschiedenen Größen und Varianten vor: *Maniche di frate (Priesterärmel)*, *Maniche Rigate*, doch auch als *Rigatoni* und *Bombardoni* (mit Bezug auf die Bombarde). In Umbrien und den Marken werden sie *Moccolotti* genannt, d. h. Kerzenstummel, in Kampanien in der großen Variante *Pàccheri*, ein lautmalerisches Wort für Ohrfeigen.

Es handelt sich um eine im Süden weit verbreitete Sorte, wo sie häufig in Rezepten verwendet wird, die im Ofen überbacken werden wie gratinierte Pasteten und Aufläufe mit viel Sauce, so zum Beispiel die für Umbrien typische Sbombata, *bei der die Form mit Teig ausgelegt, mit Pasta mit viel Sauce aus Hühner- oder Gänseklein und geriebenem Pecorino gefüllt und zum Überbacken im Ofen mit dem Teigblatt versiegelt wird.*

„Doch, natürlich, vorher ein paar Vermicelli; ohne Vermicelli ist ein Essen kein Essen. Und wie lassen wir sie uns zubereiten? Mit Tomatensauce? Oder mit Knoblauch und Öl? Oder mit Meeresfrüchten mit Oliven und Kapern? Also, ich würde sagen, wir lassen uns eine halbe Portion auf die eine Art, eine halbe auf die andere Art und eine halbe überbackene Rigatoni bringen, oder?... “.
Aus: Stefanile Mario, *Invito ai Maccheroni (Einladung zu den Maccheroni)*. Neapel (I), Montanino, 1950, S. 41-51.

KURZE HOHLE PASTA AUS HARTWEIZENGRIESS
Durchschnittliche Größe:
Länge 24,00 mm • Durchmesser 16,00 mm • Stärke 1,15 mm

ORECCHIETTE PUGLIESI

IN DER GETROCKNETEN VERSION TRADITIONELL MIT RAPSSPITZEN, DOCH AUCH MIT TOMATENSAUCEN MIT RICOTTA.

Mittel- und Süditalien bei besonderer Verbreitung in Apulien und dem Gebiet von Bari. Die industriell hergestellte Pasta dieses Typs ist in ganz Italien verbreitet.

Die Orecchiette werden zubereitet, indem man die aus Hartweizengrieß und Wasser hergestellte Pasta in bohnengroße Stückchen schneidet und diese mit der Fingerspitze oder einem Messer zu einer kleinen Muschel mit sehr dünnem Rand formt. Die üblichen Bezeichnungen beziehen sich meist auf Ohren. In Rom werden sie *Orecchini* genannt, *Recchiatelle* in Kampanien und *Orecchia di Prete (Priesterohr)* in den Abruzzen und der Basilikata. In Apulien, ihrem Herkunftsgebiet, haben sie in den verschiedenen Orten auch je nach Größe unterschiedliche Namen.

Die Orecchiette sind sicherlich zu den ältesten Formen der Pasta zu zählen und gehören zur Kategorie der mit dem Daumen oder der Messerklinge auf dem Nudelbrett »gezogenen« Pasta, deren Name sich aus der Ähnlichkeit mit den menschlichen Ohren ergibt. Die raue Porosität der Mulde in der Mitte garantiert eine perfekte Aufnahme der Sauce.
Es ist möglich, dass die Ursprünge der Orecchiette in der Provence liegen. Aus Südfrankreich, wo eine ähnliche Pastasorte im Mittelalter nachgewiesen ist, soll sie einigen Historikern zufolge über das Haus Anjou, das im 13. Jahrhundert über Apulien und die Basilikata herrschte, nach Italien gelangt sein,. Andere Historiker vertreten die Auffassung, dass die Orecchiette, die vermutlich vom Mittleren Orient beeinflusst waren, im Gebiet von Sannicandro bei Bari während der normannisch-schwäbischen Herrschaft im 12. und 13. Jahrhundert entstanden. Möglicherweise haben sie ihre Wurzeln in der jüdischen Küche da in dieser Region eine blühende israelitische Gemeinschaft lebte.

KURZE PASTA AUS HARTWEIZENGRIESS AUS OHNE ZIEHEISEN GEZOGENEM TEIGBLATT. INDUSTRIELL WIRD SIE MIT HILFE VON STANZEN ODER FORMEN HERGESTELLT
Durchschnittliche Größe:
Durchmesser 23,00 mm • Stärke 1,25 mm

PASTA MISTA

VOR ALLEM IN BRÜHE UND IN SUPPEN ODER FÜR PASTA MIT BOHNEN VERWENDET.

Alle Regionen Italiens.

Der Begriff, dessen Bedeutung offensichtlich ist, gemischte Pasta, deutet auf das Mischen unterschiedlicher Pastasorten hin.

Als die Pasta lose verkauft wurde (und dies bis in die 50er Jahre des 20. Jahrhunderts), wurde die Pasta mista von den Pastaherstellern „erfunden", um die Reste wiederzuverwenden und zu verkaufen, die von den unterschiedlichen kurzen Pastasorten am Boden der Schubladen des Geschäfts überblieben und die gleiche Kochzeit erforderten. Heute wird sie mit Zieheisen für die unterschiedlichen Sorten mit der gleichen Kochzeit hergestellt.

KURZE PASTA AUS HARTWEIZENGRIESS
Durchschnittliche Größe:
Länge 30,00 mm • Stärke 1,15 mm

PENNE LISCE / PENNE RIGATE / PENNE MEZZANE / PENNE RIGATE INTEGRALI / MEZZE PENNE RIGATE / MINI PENNE RIGATE

IN DER GETROCKNETEN VARIANTE MIT EINFACHEN SAUCEN AUS BUTTER, FLEISCH ODER GEMÜSE. DIE MEZZE PENNE PASSEN GUT ZU FLEISCHSAUCEN, EIERN UND KÄSE.

Alle Regionen Italiens.

Der Begriff bezieht sich in der italienischen Sprache auf eine Gänsefeder, wie sie in alter Zeit zum Schreiben verwendet wurde. Um eine fein schreibende Spitze zu erhalten, wurde der Kiel schräg angeschnitten. Die Nudelsorte, die aus einem glatten oder gerillten Pastaschlauch hergestellt wird, weist ebenfalls jenen charakteristischen diagonalen Schnitt auf, der typisch für die Schreibfeder ist. Diese Nudeln werden auch *Mostaccioli, Penne a candela, Penne di ziti* und *Ziti Tagliati* genannt.

Die Penne sind eine der wenigen Pastasorten, deren Entstehungsdatum gesichert ist. 1865 ließ sich Giovanni Battista Capurro, ein Pastahersteller aus San Martino d'Albaro in der Provinz Genua, eine Maschine patentieren, die es ermöglichte, die frische Pasta diagonal in Form einer Feder zu schneiden, ohne sie zu quetschen, und zwar im Format zwischen drei bis fünf Zentimetern Länge (Mezze Penne oder Penne). »Bis heute«, *ist in dem Patentantrag zu lesen, das im staatlichen Zentralarchiv in Rom aufbewahrt wird,* »konnte man den diagonalen Schnitt nur mit der Schere ausführen, eine Methode, die nicht nur zu langsam und aufwendig war, sondern auch den Nachteil aufwies, einen unregelmäßigen Schnitt zu ergeben und die Pasta zusammenzudrücken.« *Ursprünglich wurden die Penne im Unterschied zu den anderen Sorten aus Tradition mit reinem Safran gefärbt. Das verlieh ihnen nicht nur einen anderen Farbton, sondern auch einen einzigartigen und besonderen Geschmack. Außerdem gibt es die* Penne di Natale, *glatt und besonders lang, die in Neapel und in Ligurien (wo sie* Maccheroni *genannt werden) für den traditionellen Weihnachtsauflauf verwendet werden. In Sizilien werden die Penne di Natale – vielleicht in Erinnerung an den Schnitt mit der Schere –* Maltagliati *genannt und mit einer gehaltvollen Sauce mit Zwiebeln, Fleisch und Gewürzen gereicht, die* aggrassatu *(d. h. dick geworden) genannt wird. Die Penne sind in allen ihren verschiedenen Größen heute eine der beliebtesten Pastasorten in Italien.*

Die satirische Feder von Cesare Marchi lässt mit Ironie Symbolik und Erinnerungen auf einer Seite über die Pastasorten wieder aufleben, die aus *Quando siamo a tavola* stammt: „*Die Pasta löst im Gehirn einen Walzer aus Metaphern aus: Spaghetti, Spaghettini, Penne, Pennoni, Rigatoni, Bucatoni, Fidelini, Trenette, Tortiglioni. Einige stammen aus der Welt der Zoologie und da haben wir die Farfalle, die Farfalline, die Conchiglie, ... Aus der Botanik die Fiori di sambuco (Holunderblüten), die Gramigna (Gras), die Sedani (Sellerie). Fügen wir die Fusilli hinzu, von Hand um eine Stricknadel gerollte Spaghetti, die den Sehnen des Fußballers Gullit gleichen.*"
Aus: Marchi Cesare, *Quando siamo a tavola (Wenn wir bei Tisch sind)*. Mailand (I), Rizzoli, 1990.

KURZE PASTA AUS HARTWEIZENGRIESS

Durchschnittliche Größe penne lisce:
Länge 45,00 mm • Durchmesser 7,30 mm • Stärke 1,14 mm

Durchschnittliche Größe penne rigate:
Länge 49,00 mm • Durchmesser 8,85 mm • Stärke 1,10 mm

Durchschnittliche Größe penne mezzane:
Länge 40,00 mm • Durchmesser 6,60 mm • Stärke 1,10 mm

Durchschnittliche Größe pennette rigate
Länge 43,00 mm • Durchmesser 7,70 mm • Stärke 1,05 mm

Durchschnittliche Größe mezze penne rigate
Länge 35,00 mm • Durchmesser 8,55 mm • Stärke 1,10 mm

Durchschnittliche Größe vollkorn-pennette
Länge 43,00 mm • Durchmesser 7,70 mm • Stärke 1,05 mm

Durchschnittliche Größe mini penne
Länge 34,00 mm • Durchmesser 5,40 mm • Stärke 0,92 mm

PIPE RIGATE / PIPETTE RIGATE / MINI PIPE RIGATE

NORMALERWEISE IN DER GETROCKNETEN VARIANTE MIT SAUCEN ZUBEREITET WIE MIT TOMATENPÜREE, EINFACHEN BUTTERSAUCEN, FLEISCHSAUCEN UND MIT ERBSEN. DIE KLEINEREN SORTEN WERDEN IN BRÜHEN UND GEMÜSESUPPEN GEGESSEN.

Alle Regionen Italiens.

Der italienische Begriff Pipa erinnert an das von den Rauchern geschätzte Gerät, das durch eine abgerundete Krümmung gekennzeichnet ist, die den Pfeifenkopf mit dem Holm verbindet. Die Pipe, ein gekrümmtes Pastarohr, haben ihren Namen genau wegen der Ausformung dieser kleinen Krümmung erhalten. Sie sind auch unter anderen Bezeichnungen und in unterschiedlichen Größenvarianten bekannt wie als *Chifferi*, von der Form des österreichischen Gebäcks, das *Kipferl* genannt wird, *Chiocciolette, Cirillini, Genovesini, Gobbetti, Lumachine, Stortini, Tofarelle und Tortini* (im Sinn von kleine Kuchen). Die Sorte gibt es auch in größerer Stückgröße.

Sie gehören wie Conchiglie *und* Lumachine *zum gekrümmten Typ kurzer Pasta. Der Herstellungsvorgang sieht vor, dass die Pastahersteller in das Innere des Durchgangs der Pasta eine Platte oder eine Schicht einsetzen, die den regelmäßigen Durchsatz des Teigs behindert und so auf einer Seite im Verhältnis zur anderen ein höherer Druck ausgeübt wird. Auf diese Weise ist das geformte Rohr gekrümmt und ergibt die Form der Pipe. Das Gebäck mit dem Namen* Kipferl *mit seiner kuriosen Halbmondform wurde von den österreichischen Konditoren vorbereitet, um den Sieg ihrer Armee gegen die Türken zu feiern, die 1682 bis an die Tore Wiens gelangt waren. An die Form dieses Gebäcks scheint sich auch die Pastasorte anzulehnen, die aufgrund der Ähnlichkeit* Chifferi *genannt wird und Jahrhunderte lang in den Bäckereien hergestellt wurde, in denen auch das Gebäck verkauft wurde.*
Die Sorte ist dank ihres Hohlraums ideal, um die Sauce aufzunehmen und kleine Portionen Fleisch oder Gemüse zu umschließen.

KURZE HOHLE PASTA AUS HARTWEIZENGRIESS
Durchschnittliche Größe pipe rigate:
Länge 27,00 mm • Durchmesser 13,00 mm • Stärke 1,10 mm
Durchschnittliche Größe pipette:
Länge 17,00 mm • Durchmesser 9,15 mm • Stärke 1,00 mm
Durchschnittliche Größe mini pipe:
Länge 15,00 mm • Durchmesser 7,50 mm • Stärke 0,84 mm

RIGATONI / MEZZI RIGATONI

MIT FLEISCH- UND GEMÜSESAUCEN UND MIT WURST. AUCH FÜR IM OFEN ÜBERBACKENE AUFLÄUFE MIT FLEISCHSAUCEN UND BÉCHAMELSAUCE.

Süditalien. Aus der industriellen Herstellung ist sie in allen Regionen Italiens vertreten.

Der Begriff stammt von den Rillen, die das Äußere der Sorte kennzeichnen, die durch Gravieren der Bronzezieheisen erzielt werden. Weitere Namen sind *Bombardoni, Cannaroni rigati, Maniche, Trivelli* (vom Werkzeug zum Bohren) und *Tufoloni rigati*.

Eine Sorte, die während der Weiterentwicklung des Zieheisens entstand, das geändert wurde, um die Rillen zu formen, die dazu dienten, die Pasta poröser zu machen, so dass sie die Sauce besser aufnahm. Die Konsistenz und die Form der Sorte, die mehr oder weniger groß sein kann, gestattet es auch, sie in „Pasteten" zu verwenden, die mit reichlich Sauce serviert werden und sie ist typisch für vor allem im Süden Italiens verbreitete Regionalgerichte. Im Latium hat in Roviano die Fantasie des Volkes den Rigatoni den ganz speziellen Namen Scorzasellari *verliehen, weil sie durch die charakteristische Riffelung an eine Selleriestaude erinnern.*

„Bis jetzt hatten uns die Wissenschaftler gesagt, dass das Essen von Pasta die Gesundheit ruinieren würde. Jetzt dagegen haben sie öffentlich erklärt, dass die Pasta ein ideales Essen für die Diät ist. So essen in Paris und auch in London alle Spaghetti und Rigatoni. Es hat lange gedauert, bis diese Besserwisser das begriffen, was bereits Pulcinella wusste, der nichts anderes wollte, als jeden Tag Maccheroni zu essen!".
Aus: Giaquinto Adolfo, *Gli scienziati e gli spaghetti (Die Wissenschaftler und die Spaghetti)*, Rom (I), 1911.

KURZE HOHLE PASTA AUS HARTWEIZENGRIESS
Durchschnittliche Größe rigatoni:
Länge 45,00 mm • Durchmesser 14,10 mm • Stärke 1,05 mm
Durchschnittliche Größe mezzi rigatoni:
Länge 20,00 mm • Durchmesser 14,10 mm • Stärke 1,05 mm

SEDANI RIGATI / SEDANINI RIGATI

MIT TOMATENSAUCE, MIT FLEISCH, MIT BUTTER. AUCH FÜR OFENPASTETEN GEEIGNET.

Alle Regionen Italiens.

Der in der italienischen Sprache offensichtliche Begriff bezieht sich auf den Sellerie, ein Gartenkraut, das für gastronomische Zubereitungen und Saucen verwendet wird und an dessen Stengel die gerillte und leicht gekrümmte Pasta entfernt erinnert. Es gibt sie in verschiedenen Größen und sie sind auch unter den folgenden Namen bekannt: *Cannolicchi, Cornetti, Diavoletti, Fagiolini, Folletti, Gnocchetti di ziti, Gramignoni, Maccheroncini, Stortini, Tubetti lunghi.*

Die Sedani *oder* Sedanini *lehnen sich an die Form des gleichnamigen Gemüses an. Sie sind durch die erhobenen Rillen gekennzeichnet, durch die die Sauce besser aufgenommen werden kann und das Pastagericht schmackhafter wird.*

KURZE HOHLE PASTA AUS HARTWEIZENGRIESS
Durchschnittliche Größe der Sedani rigati:
Länge 43,00 mm • Durchmesser 8,80 mm • Stärke 1,10 mm
Durchschnittliche Größe der Sedanini rigati:
Länge 34,00 mm • Durchmesser 5,70 mm • Stärke 1,05

TORTIGLIONI / TORTIGLIONI INTEGRALI

MIT SAUCEN AUS FLEISCH, GEMÜSE UND WURST. AUCH FÜR OFENPASTETEN GEEIGNET.

Spezialität Süditaliens, insbesondere Kampaniens, sind sie heute im ganzen Land verbreitet.

Pastaröhrchen mit gekrümmte Rillen. Wie die *Rigatoni* nehmen sie Bezug auf das äußere Profil, das anhand der Gravierung der Zieheisen erzielt wird. Der Begriff leitet sich von dem Wort *tortillare* aus dem Vulgärlatein ab, eine Entstellung von *torquere* aus dem klassischen Latein für drehen.

Diese typische Sorte Süditaliens, die vor allem in Kampanien verbreitet ist, erhält ihren Namen von der charakteristischen Form des aufgewickelten, verdrehten „Röhrchens". Der Name, der einen spiralförmig gewickelten Gegenstand bezeichnete, musste in der Vergangenheit auf eine Pastasorte ähnlich der heutigen Fusilli hinweisen, die bereits um die Hälfte des 14. Jahrhunderts im Libro della mensa (Buch der Tafel) *der Priore von Florenz erwähnt wird.*

KURZE PASTA AUS HARTWEIZENGRIESS
Durchschnittliche Größe:
Länge 43,00 mm • Durchmesser 11,60 mm • Stärke 1,10 mm

TROFIE LIGURI

IN DER GETROCKNETEN VERSION, MIT GRÜNEN BOHNEN UND KARTOFFELN GEKOCHT UND MIT DEM KLASSISCHEN PESTO ALLA GENOVESE, MIT LIGURISCHEM BASILIKUM, KNOBLAUCH, PINIENKERNEN, SALZ, PECORINO UND ÖL DER LIGURISCHEN RIVIERA ANGERICHTET.

Ligurien und angrenzende Küstengebiete der Toskana.
Durch die industrielle Herstellung in allen Regionen Italiens.

Ursprünglich aus Ligurien haben sie die Form einer Spirale oder Locke. Aus dem aus Mehl, ein wenig Kleie und Wasser hergestellten Teig werden bohnengroße Stückchen geformt. Diese werden mit beiden Handflächen auf dem Nudelbrett gerollt, so dass kurze Spaghettini in Form einer Spirale entstehen, die spitze Enden aufweisen. Der Teig wird manchmal auch um eine dünne Stricknadel gewickelt. Der Name dieser charakteristischen Sorte soll aus der Sprache des Volkes, und zwar von dem Begriff *strofissià* stammen, der im genuesischen Dialekt das Reiben oder Zerknautschen bezeichnet, abgeleitet von der Bewegung, die die Hausfrau ausführt, um diese Art kleines, längliches und gerolltes Kloß herzustellen. Sie werden auch *Rechelline* genannt, wahrscheinlich vom Namen des Orts Recco nahe Genua, dessen lokale Spezialität sie sind.

Es handelt sich um eine handgemachte Pasta, die aus Hartweizengrieß und Wasser hergestellt wird und aus Recco stammt, einer Gemeinde der Riviera di Levante. Sie wird traditionell mit Pesto alla Genovese gereicht.
Es ist eine der überaus zahlreichen regionalen Sorten, die aus dem Teig aus Mehl, Wasser und anderen Zutaten entstehen wie altbackenes Brot, Kartoffeln und in den Berggegenden des Appennins auch Kastanien. Die Zutaten, die den Teig aus Mehl und Wasser anreichern, dienen dazu, diese Pasta noch weicher zu machen, die noch heute der Tradition halber mit Basilikum-Pesto und Pecorino serviert wird. In der heute seltenen Version, die auch Kastanien im Teig vorsah, war dagegen eine Sauce aus geschmolzenem Käse vorgesehen, die für die Berggegenden typisch war.
Die Legende will, dass die Entstehung der Trofie *mit den Kreuzzügen zusammenhängt, als die Köche auf den Schiffen Mehl und Wasser vermischten, um die Pasta zuzubereiten. Die zur Verarbeitung mit Mehl bestäuben Hände wurden am Ende der Arbeit gesäubert und die Pasta,* tra-e-die, *(zwischen den Fingern) aufgehoben, um ein Gericht daraus zu machen.*

Ein antikes genuesisches Sprichwort lautet:
No capì ûnna trofia, wortwörtlich übersetzt also keine Trofia verstehen, d. h. "Nur Bahnhof verstehen".

KURZE PASTA AUS HARTWEIZENGRIESS
Durchschnittliche Größe:
Länge 41,00 mm • Breite 4,90 mm • Stärke 1,20 mm

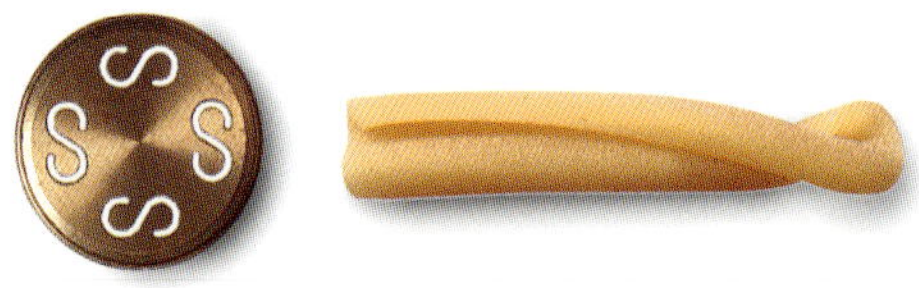

CASARECCE SICILIANE MIT ARTISCHOCKENSAUCE

ZUBEREITUNGSZEIT: 45 Minuten
KOCHZEIT: 12 Minuten
SCHWIERIGKEITSGRAD: LEICHT

ZUTATEN FÜR VIER PERSONEN

350 g Casarecce Siciliane von Barilla
5-6 Artischocken, je nach Größe
40 ml natives Olivenöl
1 Knoblauchzehe, geschält und gehackt
20 g gehackte Petersilie
Salz und Pfeffer
50 ml trockener Weißwein
50 ml Gemüsebrühe
60 g geriebener Parmigiano Reggiano

Die Artischocken putzen und in nicht zu dünne Streifen schneiden. In einer Pfanne das Öl erhitzen, die Artischocken dazugeben und zusammen mit der Knoblauchzehe und der gehackten Petersilie bei mäßiger Hitze anschwitzen und mit Salz und Pfeffer würzen.

Das Gemüse mit dem Weißwein ablöschen, diesen vollständig einkochen lassen, dann die Gemüsebrühe angießen und das Gemüse darin in etwa 10 Minuten fertiggaren.

Die Casarecce Siciliane in reichlich kochendem Salzwasser bissfest kochen und mit dem geriebenem Parmigiano Reggiano und der Artischockensauce vermischen.

ALTERNATIVE SORTEN

Die Sauce dieses Rezepts ist ideal für kurze Pastasorten. Daher können Sie anstelle der Casarecce Siciliane auf Sorten wie Penne Rigate, Gemelli und Sedani Rigati oder Sedani Lisci zurückgreifen.

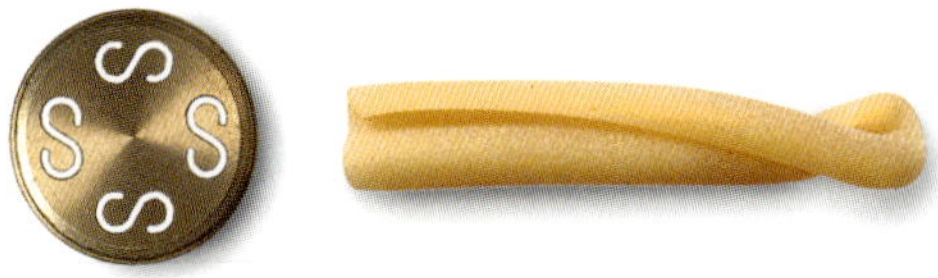

CASARECCE SICILIANE MIT SARDELLEN UND FENCHEL

ZUBEREITUNGSZEIT: 25 Minuten
KOCHZEIT: 12 Minuten
SCHWIERIGKEITSGRAD: MITTEL

ZUTATEN FÜR VIER PERSONEN

- 350 g Casarecce Siciliane von Barilla
- 200 g Sardellen
- 40 g Trockenaprikosen
- 2 Zweige Fenchelkraut
- 30 ml natives Olivenöl
- 1 Knoblauchzehe
- 20 g Pinienkerne
- 20 g Pistazienkerne
- 20 g Paniermehl
- Salz und Pfeffer
- 30 g gehackte Petersilie

Die Sardellen waschen, entgräten und filetieren. Die getrockneten Aprikosen in Streifen schneiden. Das Fenchelkraut waschen, trockenschütteln und fein hacken. 15 ml Öl in einer beschichteten Pfanne erhitzen und das Paniermehl darin anrösten.

Bei mittlerer Hitze in einer relativ breiten Pfanne das restliche Öl und die geschälte Knoblauchzehe erhitzen. Die Sardellenfilets hinzufügen und 1-2 Minuten braten, dann die in Streifen geschnittenen Aprikosen dazugeben, noch eine Minute lang braten, den Fenchel, die Pinienkerne und die Pistazien hinzufügen, weitere 30 Sekunden garen, mit Salz und Pfeffer abschmecken, die Knoblauchzehe entfernen und das Ganze beiseite stellen.

In der Zwischenzeit die Casarecce Siciliane in reichlich kochendem Salzwasser bissfest kochen, abgießen und mit den Sardellen vermischen. Die Pasta auf vorgewärmten Tellern anrichten und mit ein wenig geröstetem Paniermehl und der gehackten Petersilie bestreuen und servieren.

ALTERNATIVE SORTEN
Für dieses regionale Rezept ist eine regionale Pastasorte ideal wie die Casarecce Siciliane. Alternativ dazu können jedoch auch Pennette Lisce, Sedani Lisci oder Rigatoni verwendet werden.

CASTELLANE MIT KARAMELLISIERTEN TOMATEN, ZIEGENFRISCHKÄSE UND GERÖSTETEN PINIENKERNEN

ZUBEREITUNGSZEIT: 1 Stunde
KOCHZEIT: 9 Minuten
SCHWIERIGKEITSGRAD: MITTEL

ZUTATEN FÜR VIER PERSONEN

350 g Castellane von Barilla
200 g Pachino-Tomaten
Salz
15 g Rohrzucker
30 ml natives Olivenöl
20 g abgezupfte Thymianblättchen
Schale einer unbehandelten Zitrone
30 g Lauchzwiebeln
20 g Pinienkerne
40 g Ziegenfrischkäse

Den Backofen auf 100 °C vorheizen. Die Tomaten waschen und in eine feuerfeste Form geben. Die Tomaten mit Salz, dem Zucker, dem frischen Thymian und der Zitrusfruchtschale bestreuen, mit 15 ml Olivenöl beträufeln und im heißen Ofen rund 1 Stunde garen.

Inzwischen die Lauchzwiebeln putzen, waschen und in feine Streifen schneiden. Das restliche Olivenöl in einer Pfanne erhitzen und die Lauchzwiebeln darin bei schwacher Hitze etwa 10 Minuten andünsten.

Die karamellisierten Tomaten dazugeben.

Die Castellane in reichlich kochendem Salzwasser bissfest kochen. Inzwischen die Pinienkerne in einer beschichteten Pfanne rösten und zusammen mit dem Ziegenfrischkäse in die Sauce rühren.

Am Ende der Kochzeit die Pasta abgießen und mit der Sauce auf vorgewärmten Tellern anrichten.

ALTERNATIVE SORTEN
Zu diesem Rezept werden anstelle der Castellane auch andere kurze Pastasorten empfohlen: Mezze Maniche Rigate, Fusilli und Tortiglioni.

CASTELLANE ROHEM SCHINKEN UND BALSAMESSIG AUS MODENA

ZUBEREITUNGSZEIT: 15 Minuten
KOCHZEIT: 9 Minuten
SCHWIERIGKEITSGRAD: LEICHT

ZUTATEN FÜR VIER PERSONEN

350 g Castellane von Barilla
10 Scheiben roher Schinken
15 g Butter
60 ml Balsamessig aus Modena
20 g Thymianblättchen
30 g geriebener Parmigiano Reggiano
etwas Salz und Pfeffer aus der Mühle

Den rohen Schinken zu *Julienne* schneiden.

Die Butter in einer Pfanne erhitzen und den Schinken darin etwa zwei Minuten anbraten, dann mit dem Balsamessig ablöschen.

Die Castellane in reichlich kochendem Salzwasser nach Herstelleranweisung bissfest kochen, abgießen und sofort mit dem Schinken mischen. Alles mit dem geriebenem Parmigiano Reggiano bestreuen. Das Gericht durchmischen, evtl. mit etwas Nudelkochwasser verdünnen und mit Salz und Pfeffer abschmecken.

Die Castellane mit dem Thymian bestreut servieren.

ALTERNATIVE SORTEN
Für dieses Rezept sind kurze Pastasorten ideal. Sie können Sorten wie Farfalle und Penne Rigate und unter den Eiernudeln zum Beispiel Garganelli wählen.

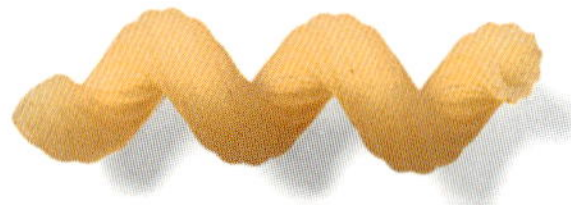

CELLENTANI MIT BIRNEN, GORGONZOLA UND NÜSSEN

ZUBEREITUNGSZEIT: **30 Minuten**
KOCHZEIT: **10 Minuten**
SCHWIERIGKEITSGRAD: **LEICHT**

ZUTATEN FÜR VIER PERSONEN

350 g Cellentani von Barilla
2 Birnen einer kochfesten Sorte, z. B. Decana oder Kaiser
Etwas Zitronensaft
etwas Salz
120 g Gorgonzola
8 Walnusskerne, grob gehackt
2 Zweige frischer Thymian, die Blättchen abgezupft
schwarzer Pfeffer aus der Mühle

Die Birnen schälen, in Würfel schneiden und mit dem Zitronensaft begießen, damit sie nicht braun werden.

Die Cellentani in reichlich Salzwasser bissfest kochen, abgießen und in eine beschichtete Pfanne geben.

Den Gorgonzola darüberbröckeln, alles mit den Birnenwürfeln, den Nüssen und dem Thymian vorsichtig erhitzen, bis der Käse schmilzt, und vor dem Servieren mit Pfeffer übermahlen.

ALTERNATIVE SORTEN
Dieses Rezept passt hervorragend zu kurzen Pastasorten wie Farfalle, Gnocchi und Conchiglie Rigate.

SALAT AUS VOLLKORN-CELLENTANI NACH MITTELMEERART

ZUBEREITUNGSZEIT: 15 Minuten
KOCHZEIT: 10 Minuten
SCHWIERIGKEITSGRAD: LEICHT

ZUTATEN FÜR VIER PERSONEN

350 g Vollkorn-Cellentani von Barilla
Salz
80 ml natives Olivenöl
50 g Erbsen
100 g dicke Bohnen
50 g schwarze Oliven
20 g Kapernfrüchte
200 g San Marzano-Tomaten
80 g rote Paprika
80 g gelbe Paprika
80 g Gurke
50 g Staudensellerie
40 g Tropea-Zwiebel
30 ml Weißweinessig
schwarzer Pfeffer aus der Mühle
Oregano, fein gehackt

ALTERNATIVE SORTEN

Für dieses Rezept sind auch andere kurze Pastasorten ideal. Außer den Cellentani können Sie Penne Rigate, Farfalle und Fusilli (auch aus Hartweizengrieß) verwenden.

Die Vollkorn-Cellentani in reichlich kochendem Salzwasser knapp bissfest kochen. abgießen, kurz unter fließendem kaltem Wasser abschrecken und gut abtropfen lassen. Die Cellentani in eine Salatschüssel geben und mit 20 ml Öl mischen, damit sie nicht verkleben.
Die Erbsen eine Minute lang in kochendem Wasser blanchieren und sofort in Eiswasser abkühlen. Dasselbe mit den dicken Bohnen wiederholen und diese dann schälen.
Oliven und Kapern in ein Sieb abgießen und unter fließendem Wasser kurz abbrausen
Das gesamte Gemüse putzen und waschen, die Zwiebel und die Gurke schälen und Letztere von den Kernen befreien. Alles in kleine Würfel schneiden.
Alle Zutaten mit den Cellentani mischen. Den Weinessig mit etwas Salz und dem restlichen Olivenöl zu einer Marinade verrühren.
Den Salat mit der Marinade vermischen, mit schwarzem Pfeffer übermahlen und mit dem Oregano bestreuen.

CONCHIGLIE RIGATE MIT SCHINKENSPECK, GORGONZOLA UND HASELNÜSSEN

ZUBEREITUNGSZEIT: **10 Minuten**
KOCHZEIT: **12 Minuten**
SCHWIERIGKEITSGRAD: **LEICHT**

ZUTATEN FÜR VIER PERSONEN

350 g Conchiglie Rigate von Barilla
150 g in Scheiben geschnittener Schinkenspeck
100 g Gorgonzola
40 g geriebener Parmigiano Reggiano
Salz und Pfeffer
80 g Haselnüsse, grob gehackt

Den Schinkenspeck in 2-3 Millimeter breite Streifen schneiden und ohne Fett in einer beschichteten Pfanne kross anbraten.

Die Conchiglie Rigate in einen Topf mit kochendem Salzwasser geben und nach Herstelleranweisung bissfest kochen.

In der Zwischenzeit in einem Topf bei schwacher Hitze den in Würfel geschnittenen Gorgonzola unter Zugabe von etwas Nudelkochwasser schmelzen und dann den Parmigiano Reggiano hinzufügen. Die Sauce mit Salz und Pfeffer abschmecken.

Am Ende der Kochzeit die Conchiglie abgießen, mit der Sauce mischen und mit den Haselnüssen sowie den Speckstreifen bestreuen.

ALTERNATIVE SORTEN
Zu dieser Sauce passen perfekt auch Farfalle, Cellentani, Penne Rigate und Mezze Maniche Rigate.

SALAT MIT CONCHIGLIE RIGATE THUNFISCH UND SESAM

ZUBEREITUNGSZEIT: 30 Minuten
KOCHZEIT: 12 Minuten
SCHWIERIGKEITSGRAD: LEICHT

ZUTATEN FÜR VIER PERSONEN

350 g Conchiglie Rigate von Barilla
etwas Salz
80 ml natives Olivenöl
30 g Sesamkerne
200 g rote Zwiebeln
150 ml Rotwein
2 gelbe Paprikaschoten
250 g frischer Thunfisch
schwarzer Pfeffer aus der Mühle
150 g gekochte Borlotti-Bohnen
3 Zweige frischer Thymian
frischer Peperoncino
aus der Mühle

Die Conchiglie in reichlich kochendem Salzwasser knapp bissfest kochen, dann abgießen und unter fließendem kaltem Wasser kurz abschrecken. Die Pasta in eine große Salatschüssel geben und mit 30 ml Öl mischen, damit sie nicht verkleben.In einer beschichteten Pfanne die Sesamkerne einige Minuten lang anrösten.

Die Zwiebeln schälen und vierteln und mit etwas Salz im Rotwein knapp weich kochen. Die Zwiebeln im Kochsud abkühlen lassen. Die Paprikaschoten putzen, waschen und in Würfel schneiden. 30 ml Öl in einer Pfanne erhitzen, die Paprikawürfel darin bei großer Hitze kurz anbraten, leicht salzen und zur Pasta geben. Den frischen Thunfisch in etwa 2 Zentimeter große Würfel schneiden, mit Salz und Pfeffer würzen. Das restliche Öl in einer Pfanne erhitzen und den Thunfisch kurz darin schwenken, so dass er rosa bleibt. Dann die Thunfischwürfel im Sesam wälzen. Den Peperoncino putzen, waschen und in feine Streifen schneiden.

Die Conchiglie Rigate mit der Paprika, den Bohnen, dem Thunfisch, den Zwiebeln und dem Peperoncino mischen. Mit Salz und Pfeffer abschmecken und mit dem restlichen Sesam und Thymian garnieren.

ALTERNATIVE SORTEN

Dieser Salat lässt sich auch sehr gut mit Farfalle, Rigatoni und Casarecce Siciliane zubereiten.

I love Pasta

FARFALLE MIT TOMA UND PILZEN

ZUBEREITUNGSZEIT: 30 Minuten
KOCHZEIT: 12 Minuten
SCHWIERIGKEITSGRAD: LEICHT

ZUTATEN FÜR VIER PERSONEN

350 g Farfalle von Barilla
75 ml Milch
125 g Toma
400 g Steinpilze
30 ml natives Olivenöl
1 Knoblauchzehe, geschält und gehackt
20 g gehackte Petersilie
20 ml trockener Weißwein
schwarzer Pfeffer aus der Mühle

Die Milch in einen kleinen Topf geben und, aufkochen. Den Topf von der Kochstelle nehmen und den Käse hineinrühren. weiterrühren, bis der Toma geschmolzen und eine glatte und gleichmäßige Sauce entstanden ist. Die Sauce mit Salz abschmecken und warm stellen.

Die Steinpilze putzen und in Scheiben schneiden.

In einer Pfanne das Öl erhitzen. Den gehackten Knoblauch und die Petersilie kurz darin anbraten.

Die Pilze hinzufügen und in etwa 5 Minuten nicht zu weich braten, dann mit dem Weißwein ablöschen und mit Salz und Pfeffer abschmecken.

Die Farfalle in reichlich Salzwasser bissfest kochen, abgießen, in die Pfanne mit den Pilzen geben und gut mit der Käsesauce vermischen.

ALTERNATIVE SORTEN
Zu diesem Rezept passen auch andere kurze Pastasorten hervorragend wie Pipe Rigate, Gnocchi und Rigatoni.

FARFALLE MIT FRISCHEM THUNFISCH, TOMATEN UND TAGGIASCA-OLIVEN

ZUBEREITUNGSZEIT: 30 Minuten
KOCHZEIT: 12 Minuten
SCHWIERIGKEITSGRAD: LEICHT

ZUTATEN FÜR VIER PERSONEN

350 g Farfalle von Barilla
600 g Tomaten
100 g Porree
100 g Karotten
100 g Staudensellerie
50 ml natives Olivenöl
etwas Salz
50 g Taggiasca-Oliven
250 g frischer Thunfisch
3 Zweige Majoran
Pfeffer aus der Mühle

Die Tomaten in kochendem Wasser brühen, die Haut abziehen, den Kernen befreien und in Würfel schneiden.

In einer Pfanne die Hälfte des Öls erhitzen, die fein gehackten Porreestangen, Karotten und den Staudensellerie darin anbraten. Die Tomatenwürfel und eine Prise Salz hinzufügen. Nach ca. 5 Minuten die Oliven zur Sauce geben.

Die Farfalle in reichlich Salzwasser bissfest kochen. In der Zwischenzeit den frischen Thunfisch in ca. 2 Zentimeter große Würfel schneiden. In einer anderen Pfanne das restliche Olivenöl erhitzen und den Thunfisch darin kurz anbraten. Der Fisch soll innen noch rosa bleiben. Den Thunfisch salzen und pfeffern und zu den Tomaten geben.

Die Pasta in reichlich Salzwasser bissfest kochen, abgießen, mit der Sauce vermischen und mit dem Majoran bestreuen.

ALTERNATIVE SORTEN
Zu dieser Sauce passen auch gut andere kurze Pastasorten: Conchiglie Rigate, Cellentani und Castellane.

SALAT MIT FARFALLE, GEDÄMPFTEM OKTOPUS UND GEBRATENEN GARNELENSCHWÄNZEN

ZUBEREITUNGSZEIT: 40 Minuten
KOCHZEIT: 12 Minuten
SCHWIERIGKEITSGRAD: LEICHT

ZUTATEN FÜR VIER PERSONEN

350 g Farfalle von Barilla
300 g Oktopus
Salz
100 g Garnelenschwänze
40 ml natives Olivenöl
100 g Pachino-Tomaten
50 g Staudensellerie
1 Bund frischer Basilikum
1 Knoblauchzehe
Etwas Zitronensaft
Salz und weißer Pfeffer

Den Oktopus in einen Topf geben und darin ohne Zugabe von Fett oder Flüssigkeit 35-45 Minuten zugedeckt im eigenen Saft dämpfen, herausnehmen und abkühlen lassen. Die Farfalle in reichlich kochendem Salzwasser bissfest kochen, abgießen, in eine Schüssel geben, mit 20 ml Olivenöl vermischen, damit sie nicht verkleben und ebenfalls abkühlen lassen. Den gedämpften Oktopus in mundgerechte Stücke schneiden.

Die Garnelenschwänze schälen, von den Därmen befreien und in kleine Stücke schneiden. Das restliche Olivenöl in einer Pfanne erhitzen und die Oktopus- zusammen mit den Garnelenstücken einige Minuten lang darin schwenken und dann zu der Pasta geben. Die Tomaten waschen und in Spalten schneiden. Den Sellerie putzen und waschen und in Ringe schneiden. Die Knoblauchzehe schälen und fein würfeln. Das Basilikum waschen und in grobe Stücke schneiden. Tomaten, Sellerie, Knoblauch und Basilikum ebenfalls zum Salat geben und alles gut miteinander vermischen. Den Salat nach Geschmack mit Zitronensaft, Salz und Pfeffer abschmecken und vor dem Servieren mindestens 30 Minuten in den Kühlschrank stellen.

ALTERNATIVE SORTEN

Zu dieser Meeresfrüchtesauce sind auch andere kurze Pastasorten perfekt wie Farfalle, Fusilli und Pennette Rigate, auch als Vollkorn-Variante.

I love Pasta

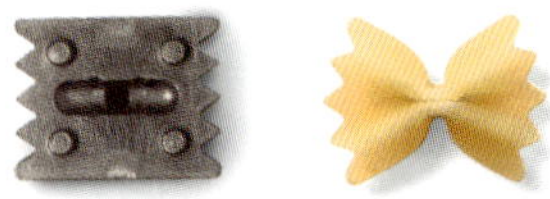

MINI FARFALLE MIT KÜRBISCREME

ZUBEREITUNGSZEIT: 40 Minuten
KOCHZEIT: 6 Minuten
SCHWIERIGKEITSGRAD: LEICHT

ZUTATEN FÜR VIER PERSONEN

350 g Mini Farfalle von Barilla
50 g Zwiebel
2 Zweige Rosmarin
800 g Kürbis
200 g Kartoffeln
30 ml natives Olivenöl
1,5 l Gemüsebrühe
Salz und Pfeffer aus der Mühle
einige Rosmarinnadeln zum Garnieren

Die Zwiebel schälen und in Scheiben schneiden. Den Rosmarin waschen, trockenschütteln, die Nadeln abzupfen und hacken. Den Kürbis putzen und dazu Schale, Kerne und Fasern entfernen und das Kürbisfleisch in Würfel schneiden. Die Kartoffeln schälen und würfelig schneiden.
In einer Kasserolle das Olivenöl erhitzen und darin die Zwiebeln und den Rosmarin anschwitzen. Den Kürbis und die Kartoffeln dazugeben und etwas mitgaren, dann das Ganze mit der Brühe ablöschen, salzen, pfeffern und bei schwacher Hitze köcheln lassen, bis die Kartoffeln weich sind.
Die Suppe im Mixer oder mit dem Pürierstab mixen.

Inzwischen die Mini Farfalle in kochendem Salzwasser bissfest kochen, abgießen und dann in die Kürbissuppe geben. Nach Belieben mit dem frischen Rosmarin garnieren.

ALTERNATIVE SORTEN
Zu dieser delikaten Suppe passen auch andere kleine Pastasorten wie Mini Farfalle, Mini Pipe Rigate und Mini Fusilli.

FUSILLI MIT THUNFISCH

ZUBEREITUNGSZEIT: 30 Minuten
KOCHZEIT: 13 Minuten
SCHWIERIGKEITSGRAD: LEICHT

ZUTATEN FÜR VIER PERSONEN

350 g Fusilli von Barilla
2 Zwiebeln
1 Knoblauchzehe
200 g Thunfisch in Öl
500 g geschälte Tomaten aus der Dose
30 ml natives Olivenöl
Salz und Pfeffer
4 Blätter Basilikum, grob zerpflückt
20 g gehackte Petersilie

Die Zwiebeln und den Knoblauch schälen. Die Zwiebeln in feine Würfel schneiden. Den Thunfisch in ein Sieb geben und abtropfen lassen.
In einer Pfanne das Öl erhitzen und darin die Zwiebel und den Knoblauch anschwitzen. Die Tomaten zur Zwiebel geben, das Ganze salzen und pfeffern und bei lebhafter Hitze etwa 15 Minuten kochen lassen.

Dabei immer wieder umrühren und die Tomaten mit dem Kochlöffel zerdrücken. Den Thunfisch dazugeben und weitere 4-5 Minuten kochen, dabei den Thunfisch mit 2 Gabeln in mundgerechte Stücke zerpflücken.

Am Ende der Kochzeit die Knoblauchzehe entfernen, die Kräuter in die Sauce rühren und diese mit Salz und Pfeffer abschmecken.
Die Fusilli in kochendem Salzwasser bissfest kochen, abgießen und mit der Sauce anrichten.

ALTERNATIVE SORTEN
Diese Sauce passt sehr gut zu kurzen Pastasorten. Anstelle der Fusilli können Sie auch Farfalle, Penne Rigate und Conchiglie Rigate verwenden.

FUSILLI MIT GARTENGEMÜSE

ZUBEREITUNGSZEIT: 40 Minuten
KOCHZEIT: 13 Minuten
SCHWIERIGKEITSGRAD: LEICHT

ZUTATEN FÜR VIER PERSONEN

350 g Fusilli von Barilla
50 ml natives Olivenöl
50 g Porree
50 g Zucchini
50 g rote Paprika
50 g gelbe Paprika
60 g Kürbis
25 g Erbsen
50 g Karotten
50 g Staudensellerie
50 g Aubergine
150 g Tomaten
6 Blatt Basilikum
Salz

Das gesamte Gemüse putzen und waschen. Die Karotte, den Staudensellerie, die Paprika, den Kürbis und die Zucchini in Würfel schneiden. Die Aubergine in Würfel schneiden, in ein Sieb geben, mit Salz bestreuen und abtropfen lassen, um die Bitterstoffe zu entfernen. Die Erbsen gar kochen. Die Tomaten in kochendem Wasser brühen, häuten, entkernen und würfelig schneiden.

Den weißen Teil des Porree in Scheiben schneiden.
Das Öl in einer Pfanne erhitzen und den Porree zusammen mit Staudensellerie und Karotte darin anschwitzen. Das gesamte Gemüse nach und nach unter Beachtung der unterschiedlichen Garzeiten zugeben und salzen. Zuletzt die Tomatenwürfel zum Gemüse geben und in 5 Minuten fertig garen. Das Gemüse mit dem grob gehackten Basilikum bestreuen.

Die Fusilli in kochendem Salzwasser bissfest kochen und mit dem Gemüseragout anrichten.

ALTERNATIVE SORTEN
Für diese leichte und farbenfrohe Sauce ist eine kurze Pastasauce ideal, auch aus Vollkorn. Sie können daher anstelle der Fusilli auch Mezze Penne Rigate, Farfalle und Sedani Rigati verwenden.

I love Pasta

VOLLKORN-FUSILLI MIT SPARGELCREME

ZUBEREITUNGSZEIT: 30 Minuten
KOCHZEIT: 11 Minuten
SCHWIERIGKEITSGRAD: LEICHT

ZUTATEN FÜR VIER PERSONEN

350 g Vollkorn-Fusilli von Barilla
30 g Schalotten
450 g Spargel
20 ml natives Olivenöl
Salz
100 ml Sahne
100 g geriebener Parmigiano Reggiano

Die Schalotte putzen und in Scheiben schneiden. Den Spargel schälen, die holzigen Enden sowie die Spitzen abschneiden und die Stangen in Scheiben schneiden. Die Spargelspitzen beiseitelegen. In einer Pfanne das Öl erhitzen und die Schalotten darin anschwitzen. Die Spargelscheiben dazugeben und das Ganze ein paar Minuten lang braten. Mit so viel Wasser ablöschen, dass alles gut bedeckt ist, und ca. 15 Minuten lang garen. Den Spargel etwas salzen und dann das Ganze mit dem Stabmixer mischen, bis eine Creme entsteht.
Die Spargelköpfe 3-4 Minuten in kochendem Salzwasser blanchieren und sofort in Eiswasser abkühlen.

Dann die Vollkorn-Fusilli in reichlich kochendem Salzwasser nach Herstelleranweisung bissfest kochen, abgießen und mit der Spargelcreme vermischen. Die Sahne mit den Spargelköpfen unterziehen, alles mit Salz und Pfeffer abschmecken und mit dem geriebenen Parmigiano Reggiano bestreuen.

ALTERNATIVE SORTEN
Für dieses Rezept ist eine kurze Pastasorte vorzuziehen, auch aus Hartweizengrieß, die sich gut mit der Sauce verbindet. Zum Beispiel: Penne Rigate, Farfalle und Mezze Maniche Rigate.

VOLLKORN-FUSILLI MIT PILZEN, BRESAOLA UND RAUKE

ZUBEREITUNGSZEIT: 50 Minuten
KOCHZEIT: 11 Minuten
SCHWIERIGKEITSGRAD: LEICHT

ZUTATEN FÜR VIER PERSONEN

350 g Vollkorn-Fusilli von Barilla
200 g Champignons
100 g Bresaola
50 g Rucola
3 Tomaten
30 ml natives Olivenöl
1 Knoblauchzehe
30 g gehackte Petersilie
Salz und schwarzer Pfeffer aus der Mühle
200 ml frische Sahne
40 g geriebener Parmigiano Reggiano

Die Pilze putzen, waschen und in Scheiben schneiden. Den Bresaola in Streifen schneiden. Den Rucola waschen und grob zerpflücken. Die Tomaten in kochendem Wasser brühen, häuten, entkernen und das Fruchtfleisch in Würfel schneiden.

In einer Pfanne bei mittlerer Hitze das Öl mit der ganzen Knoblauchzehe erhitzen. Die Pilze dazugeben und einige Minuten lang unter wiederholtem Wenden braten. Die Petersilie zu den Pilzen geben und anschwitzen, alles salzen und pfeffern. Nun den Bresaola zu den Pilzen geben, einige Sekunden lang mitbraten und dann das Tomatenfleisch hineingeben. Das Ganze bei lebhafter Hitze 5 Minuten weitergaren, alles gut, dann die Sahne dazugeben, verrühren und die Sauce bei schwacher Hitze 2-3 Minuten eindicken lassen.

In der Zwischenzeit die Vollkorn-Fusilli in reichlich Salzwasser bissfest kochen, abgießen und direkt in die Pfanne zur Sauce geben. Das Gericht mit Salz und Pfeffer abschmecken, den Rucola untermischen und alles mit geriebenem Parmigiano Reggiano bestreuen.

ALTERNATIVE SORTEN

Außer den Vollkorn-Fusilli sind mit diesem Rezept auch andere kurze Pastasorten perfekt, wahlweise auch aus Vollkorn: Rigatoni, Farfalle, Penne Rigate und Pennette Rigate.

MINI FUSILLI MIT ERBSENCREME UND KOCHSCHINKEN

ZUBEREITUNGSZEIT: 15 Minuten
KOCHZEIT: 6 Minuten
SCHWIERIGKEITSGRAD: LEICHT

ZUTATEN FÜR VIER PERSONEN

350 g Mini Fusilli von Barilla
1 Zwiebel
30 ml natives Olivenöl
500 g Erbsen
500 ml Gemüsebrühe
100 g Kochschinken
etwas Salz

Die Zwiebel schälen. Das Öl in einem Topf erhitzen und die Zwiebelscheiben darin anschwitzen. Die Erbsen hinzufügen, zwei Minuten lang anbraten, mit der Gemüsebrühe ablöschen und das Ganze etwa 15 Minuten lang garen.

Einen Schöpflöffel Erbsen entnehmen und beiseite stellen und den Rest mit dem Mixstab pürieren. Die Erbsencreme wieder in den Topf geben. Den Kochschinken in Streifen oder Würfel schneiden.

Die Mini Fusilli in reichlich kochendem Salzwasser nach Herstellerempfehlung bissfest kochen, abgießen und zusammen mit dem Schinken und den beiseitegestellten Erbsen mit der Erbsensauce mischen.

Das Ganze mit Salz abschmecken und vor dem Servieren kurz erhitzen.

ALTERNATIVE SORTEN

Diese delikate grüne Sauce passt perfekt zu kleinen Pastasorten. Anstelle der Mini Fusilli können Sie auch Mini Farfalle und Mini Penne Rigate verwenden.

GNOCCHETTI SARDI MIT STREIFENBARBEN UND SAFRAN

ZUBEREITUNGSZEIT: 40 Minuten
KOCHZEIT: 14 Minuten
SCHWIERIGKEITSGRAD: MITTEL

ZUTATEN FÜR VIER PERSONEN

350 g Gnocchetti Sardi von Barilla
8 kleine Streifenbarben
1 Kartoffel
1/2 Stengel Staudensellerie
1/2 Karotte
1/4 Zwiebel
ein Briefchen Safran
30 g Butter
150 ml süße Sahne
1 Tomate
1 Zweig Rosmarin
20 ml natives Olivenöl
Salz und Pfeffer aus der Mühle

Die Fische vorsichtig schuppen, Köpfe und Hauptgräten entfernen. Die Kartoffel schälen und in 5 mm große Würfel schneiden. Auch den Sellerie, die Karotte und die Zwiebel putzen und fein würfeln.

Die Butter in einer Kasserolle erhitzen und das Gemüse darin einige Minuten lang anbraten. Mit der Sahne ablöschen und den Safran dazugeben, alles einige Minuten lang kochen lassen, mit Salz und Pfeffer abschmecken und warm stellen.

Die Tomate in kochendem Wasser brühen, abschrecken und häuten. Den Strunk ausschneiden und das Fruchtfleisch ebenfalls in Würfel schneiden.

Den Rosmarin abzupfen und die Nadeln fein hacken. In einer Pfanne das Öl erhitzen und den Rosmarin hineingeben. Die Streifenbarben im heißen Öl kurz auf beiden Seiten braten, wobei zuerst mit der Seite ohne Haut begonnen wird. Wenn sie goldbraun gebraten sind, von der Kochstelle nehmen und warm stellen.
Die Gnocchetti Sardi in reichlich kochendem Salzwasser bissfest kochen, abgießen und mit der Safransauce vermischen. Die Pasta auf vorgewärmten Tellern anrichten, mit den Fischfilets belegen und mit den Tomatenwürfeln garnieren.

ALTERNATIVE SORTEN

Conchiglie Rigate, Pipe Rigate und Castellane sind drei kurze Pastasorten, die anstelle der Gnocchetti Sardi verwendet werden können.

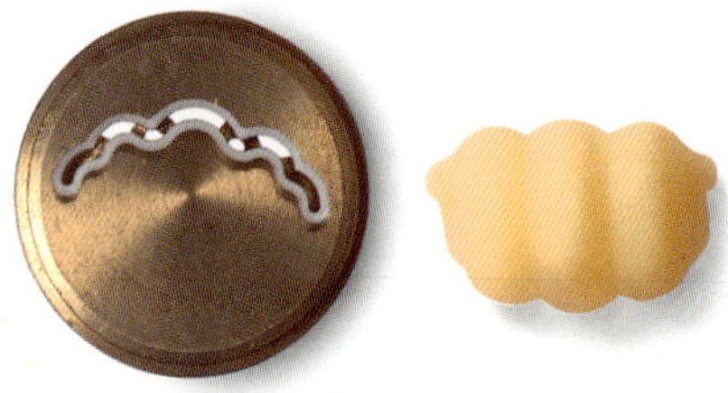

GNOCCHI MIT RUCOLA-PESTO

ZUBEREITUNGSZEIT: 15 Minuten
KOCHZEIT: 14 Minuten
SCHWIERIGKEITSGRAD: LEICHT

ZUTATEN FÜR VIER PERSONEN

350 g Gnocchi von Barilla
4 reife Tomaten
120 g Rauke
70 ml natives Olivenöl (möglichst aus Ligurien)
1/2 Knoblauchzehe
Salz
10 g geschälte süße Mandeln
25 g geriebener Parmigiano Reggiano

Die Tomate waschen, die Haut x-förmig einschneiden und in kochendem Wasser etwa 20 Sekunden brühen. Dann in Eiswasser tauchen, schälen, die Kerne entfernen und das Fruchtfleisch in Würfel schneiden.

Den Rucola putzen, waschen und trockenschütteln. Den Rucola im Mixer oder mit dem Pürierstab zusammen mit dem Öl, etwas Salz, dem Knoblauch und den Mandeln pürieren. Anschließend den geriebenen Parmigiano Reggiano sowie die Tomatenwürfel dazugeben und alles zu einem cremigen Pesto mixen.

Die Hartweizengrieß-Gnocchi in kochendem Salzwasser bissfest kochen und mit etwas Kochwasser mit dem Pesto in einer Schüssel mischen.

ALTERNATIVE SORTEN
Anstatt der Gnocchi können Sie für diese duftende und appetitanregende Sauce eine andere kurze Pastasorte verwenden wie Gemelli oder Trofie Liguri.

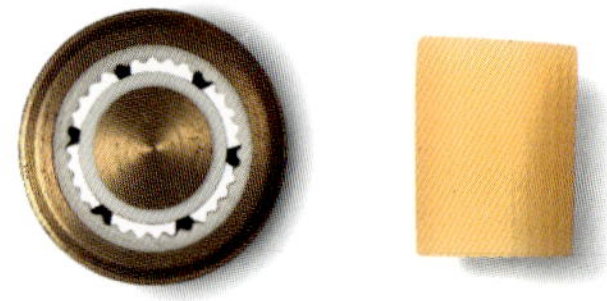

MEZZE MANICHE RIGATE MIT HUMMER, KARAMELLISIERTEN KIRSCHTOMATEN UND ZUCCHINI

ZUBEREITUNGSZEIT: 1 Stunde
KOCHZEIT: 12 Minuten
SCHWIERIGKEITSGRAD: HOCH

ZUTATEN FÜR VIER PERSONEN

350 g Mezze Maniche Rigate von Barilla
1 ca. 600 g schweren Hummer, vorgekocht
80 ml natives Olivenöl
20 g Zwiebel, geschält und gehackt
20 g Karotte in kleinen Würfeln
20 g Staudensellerie in dünnen Scheiben
Ein Bund Kräuter (Salbei, Rosmarin, Thymian, Petersilie und Basilikum)
Salz
200 g Datteltomaten
3 Esslöffel Rohrzucker
20 g abgezupfte Thymianblättchen
200 g Zucchini
1 Knoblauchzehe
30 g Pinienkerne

ALTERNATIVE SORTEN

Für diese Sauce können Sie auch andere Pastasorten verwenden. Unter den langen Sorten Bavette und Spaghetti. Unter den kurzen Pennette Lisce.

Den Hummer nach Herstelleranweisung kochen und das Fleisch auslösen. In einer Kasserolle 15 ml Olivenöl erhitzen und das Gemüse darin anschwitzen. Die Hummerabfälle dazugeben und rundum etwa 5 Minuten anbraten. Das Ganze mit 1/2 l Wasser ablöschen, die Kräuter und etwas Salz dazugeben und 30 Minuten zu einem leichten Hummerfond kochen lassen. Den Fond durch ein Sieb abgießen und beiseite stellen. Den Backofen auf 100 °C vorheizen. Die Tomaten waschen und in eine ofenfeste Form geben. Die Tomaten leicht salzen, mit dem Zucker und dem Thymian bestreuen, mit 15 ml Olivenöl beträufeln und im heißen Ofen etwa 1 Stunde backen.

Inzwischen die Zucchini waschen und in kleine Würfel schneiden. Das restliche Olivenöl mit der halbierten Knoblauchzehe in einer Kasserolle erhitzen und die Zucchini darin 5 Minuten unter häufigem Umrühren braten. Inzwischen das Hummerfleisch in Würfel schneiden, zu den Zucchini geben und weitergaren, bis die Zucchini weich, aber noch bissfest sind. Alles leicht salzen und warm stellen.

Die Mezze Maniche Rigate in reichlich Salzwasser kochen und nach der Hälfte der auf der Packung angegebenen Zeit abgießen. Die Pasta mit dem Hummerfond zur Zucchini-Hummer-Mischung geben, alles gut vermischen, aufkochen und die Pasta darin bissfest garen. Inzwischen in einer beschichteten kleinen Pfanne die Pinienkerne ohne Fettzugabe anrösten.

Die Mezze Maniche auf vorgewärmten Tellern anrichten und mit den gerösteten Pinienkernen bestreuen.

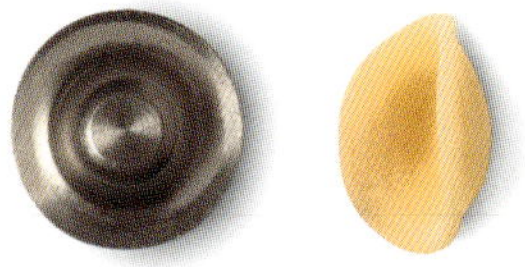

ORECCHIETTE PUGLIESI MIT RÜBSAMEN

ZUBEREITUNGSZEIT: **15 Minuten**
KOCHZEIT: **12 Minuten**
SCHWIERIGKEITSGRAD: **LEICHT**

ZUTATEN FÜR VIER PERSONEN

350 g Orecchiette Pugliesi von Barilla
300 g geputzte Rübsamen
1 Knoblauchzehe
1 getrockneter Peperoncino
60 ml natives Olivenöl
2 in Öl eingelegte Sardellen
grobes Salz
schwarzer Pfeffer aus der Mühle

Die Rübsamen waschen und trockenschütteln. Den Knoblauch schälen und in dünne Scheiben schneiden. Den Peperoncino halbieren, von Strunk und Kernen befreien und fein hacken.

In einer breiten und flachen Pfanne 40 ml Öl erhitzen den Knoblauch, den Peperoncino und die beiden Sardellenfilets darin kurz anschwitzen und alles mit 3-4 EL Wasser ablöschen. Die Sauce kochen lassen, bis sich die Sardellen darin gelöst haben, und beiseite stellen.

In der Zwischenzeit in einem großen Topf reichlich Wasser mit 20 g grobem Salz zum Kochen bringen.

Die Orecchiette Pugliesi zusammen mit den Rübsamen hineingeben und nach Herstelleranweisung bissfest kochen. Durch ein möglichst feines Sieb abgießen und mit der Sauce mischen.

Die Pasta mit dem restlichen Öl, mit reichlich Pfeffer übermahlen und sofort servieren.

ALTERNATIVE SORTEN
Diese Sauce ist perfekt mit kurzen Pastasorten. Zum Beispiel: Mezze Maniche Rigate, Penne Rigate, Tortiglioni.

ORECCHIETTE PUGLIESI MIT TOMATEN, OLIVEN UND AUBERGINEN

ZUBEREITUNGSZEIT: 20 Minuten
KOCHZEIT: 12 Minuten
SCHWIERIGKEITSGRAD: LEICHT

ZUTATEN FÜR VIER PERSONEN

350 g Orecchiette Pugliesi von Barilla
1 Aubergine
etwas Salz
10 reife Perini-Tomaten
2 Zweige Rosmarin
80 ml natives Olivenöl
1 Knoblauchzehe, geschält
Schwarzer Pfeffer aus der Mühle
100 g Oliven (möglichst der Sorte Taggiasca)

Die Aubergine in Würfel von etwa 5 mm schneiden, mit Salz bestreuen und in einem Sieb abtropfen lassen, um die Bitterstoffe zu entfernen. Die Tomaten waschen und in Spalten schneiden. Den Rosmarin abzupfen und die Nadeln fein hacken.

Das Öl in einer flachen und breiten Pfanne erhitzen und die Aubergine zusammen mit der ganzen Knoblauchzehe und etwas schwarzem Pfeffer darin anbraten. Die Tomaten hinzufügen und alles einige Minuten lang kochen lassen. Inzwischen die Oliven entkernen und halbieren und nach ca. 5 Minuten Kochzeit zur Sauce geben. Dann den Knoblauch entfernen, den gehackten Rosmarin dazugeben und die Sauce mit Salz und Pfeffer abschmecken.

Die Orecchiette Pugliesi in kochendem Salzwasser bissfest garen, abgießen, auf vorgewärmte Teller verteilen und mit der Sauce anrichten.

ALTERNATIVE SORTEN

Diese Sauce ist perfekt mit kurzen Pastasorten. Zum Beispiel: Mezze Maniche Rigate, Penne Rigate, Tortiglioni.

PASTA MISTA MIT BROKKOLICREME UND KNUSPRIGEM BROT

ZUBEREITUNGSZEIT: 20 Minuten
KOCHZEIT: 9 Minuten
SCHWIERIGKEITSGRAD: LEICHT

ZUTATEN FÜR VIER PERSONEN

250 g Pasta Mista von Barilla
500 g Brokkoli
600 g Kartoffeln
100 g Zwiebel
Salz und Pfeffer aus der Mühle
60 g altbackenes Weißbrot
10 ml natives Olivenöl

Den Brokkoli putzen und waschen. Die Kartoffeln und die Zwiebeln schälen. Die Kartoffeln würfeln und die Zwiebeln in Ringe schneiden. Das Gemüse mit etwas Salz in eine Kasserolle geben, mit Wasser bedecken und weich kochen, dann im Mixer zerkleinern. Das Püree nach Bedarf mit etwas Wasser verdünnen – es sollte eher dünnflüssig sein–, salzen und pfeffern.

Die Brokkolicreme zum Kochen bringen, die Pasta Mista hinzufügen, aufkochen und die Pasta darin bissfest kochen. Wenn nötig, noch etwas Wasser dazugeben.

Inzwischen das Brot in Würfel schneiden. Das Olivenöl in einer beschichteten Pfanne erhitzen und das Brot darin knusprig rösten.
Am Ende der Kochzeit die Pasta in der Brokkolicreme anrichten und mit dem gerösteten Brot bestreuen.

ALTERNATIVE SORTEN
Für diese Brokkolicreme sind auch andere Pastasorten wie Ditali Lisci, Pennette Lisce und zuvor durchgebrochene Ziti Napoletani optimal.

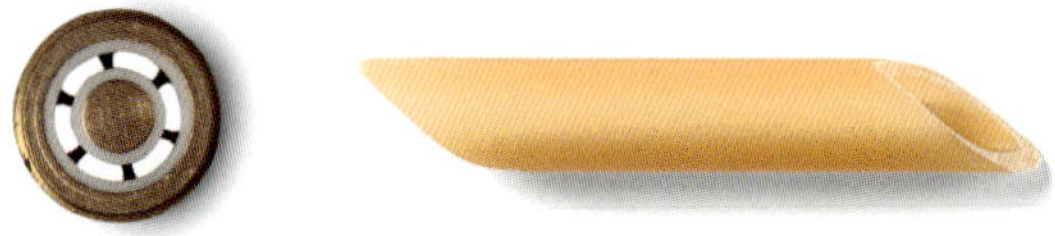

PENNE LISCE MARI E MONTI (MIT PILZEN UND FISCH)

ZUBEREITUNGSZEIT: 20 Minuten
KOCHZEIT: 8 Minuten
SCHWIERIGKEITSGRAD: LEICHT

ZUTATEN FÜR VIER PERSONEN

350 g Penne Lisce von Barilla
200 g Champignons
1 Knoblauchzehe
20 Garnelen
150 g Thunfisch
oder Schwertfisch
1 Knoblauchzehe
60 ml natives Olivenöl
Salz und Pfeffer
20 g gehackte Petersilie

Die Pilze putzen und in Scheiben schneiden, den Knoblauch schälen und hacken. Die Tomaten in kochendem Wasser brühen, häuten, von den Kernen befreien und in Würfel schneiden. Die Garnelen putzen und von der Schale befreien und den Thunfisch (oder Schwertfisch) in 1,5 Zentimeter große Würfel schneiden.
30 ml Olivenöl in einer Pfanne erhitzen und den Thunfisch und die Garnelen darin zwei Minuten anbraten, dann salzen und pfeffern. Fisch und Garnelen aus der Pfanne nehmen und warm stellen.

Das restliche Öl in derselben Pfanne erhitzen, den Knoblauch darin kurz anschwitzen, die Pilze dazugeben und zwei Minuten lang braten, dann die Tomatenwürfel zu den Pilzen geben und das Ganze weitere zwei Minuten garen. Nach Belieben mit etwas Nudelkochwasser auf die gewünschte Konsistenz verdünnen. Zuletzt die Garnelen und den Thunfisch in die Sauce geben und diese mit Salz und Pfeffer abschmecken.

Die Penne in reichlich kochendem Salzwasser bissfest kochen, abgießen, mit der Sauce mischen und mit der gehackten Petersilie bestreuen.

ALTERNATIVE SORTEN
Anstelle der Penne Lisce können für dieses Rezept auch Penne Mezzane, Sedani Lisci oder Gnocchi verwendet werden.

PENNE MEZZANE MIT GEMÜSE UND CACIOCAVALLO

ZUBEREITUNGSZEIT: 40 Minuten
KOCHZEIT: 15-20 Minuten
SCHWIERIGKEITSGRAD: LEICHT

ZUTATEN FÜR VIER PERSONEN

350 g Penne Mezzane von Barilla
2 Auberginen
etwas Salz
Keimöl zum Frittieren
50 g Karotte
50 g gelbe und rote Paprika
100 g frische Tomaten
100 g Zucchini
30 ml natives Olivenöl
20 g Petersilie
Salz und Pfeffer
50 g geriebener Parmigiano Reggiano
50 g Caciocavallo

Für die Béchamelsauce
500 ml Milch
40 g Butter
40 g Mehl
etwas geriebene Muskatnuss
Salz

Die Auberginen putzen und die Hälfte davon mit einem scharfen Messer in ca. 3 Millimeter dicke Scheiben schneiden, mit Salz bestreut ca. 20 Minuten lang in ein Sieb geben. Danach in einer Pfanne reichlich Keimöl erhitzen, die Auberginen darin frittieren und auf Küchenkrepp abtropfen lassen. Das andere Gemüse und die restlichen Auberginen putzen, in Würfel schneiden und mit ein wenig nativem Olivenöl und der Petersilie in der Pfanne schwenken, dann salzen und pfeffern.

In der Zwischenzeit eine Béchamelsauce zubereiten: die Butter in einer Kasserolle zerlassen, das Mehl dazugeben und 3-4 Minuten unter ständigem Rühren mit einem Schneebesen bei niedriger Hitze kochen. Dann die kochende Milch dazugießen, salzen, das Ganze mit etwas Muskatnuss abschmecken unter weiterem Rühren, damit sich keine Klumpen bilden, weiter kochen, bis eine dicke und cremige Sauce entsteht.

Die Penne Mezzane in reichlich kochendem Salzwasser garen und 1-2 Minuten vor der auf der Packung angegebenen Kochzeit abgießen. Mit dem Gemüse, der Béchamelsauce und dem gewürfelten Caciocavallo mischen.

Eine feuerfeste Form mit den frittierten Auberginen auslegen und diese mit der Pasta bedecken, mit geriebenem Parmigiano Reggiano bestreuen und im auf 185 °C vorgeheizten Backofen 15-20 Minuten garen, bis die Oberseite goldbraun gratiniert ist.

ALTERNATIVE SORTEN

Ansellet der Penne Mezzane können Sie für dieses Rezept auch andere Pastasorten verwenden: Sedani Lisci, Ditaloni Lisci und Penne Lisce.

PENNE RIGATE ALL'ARRABBIATA

ZUBEREITUNGSZEIT: 30 Minuten
KOCHZEIT: 11 Minuten
SCHWIERIGKEITSGRAD: LEICHT

ZUTATEN FÜR VIER PERSONEN

350 g Penne Rigate von Barilla
2 Knoblauchzehen
1 Peperoncino
30 ml natives Olivenöl
600 g frische Tomaten oder geschälte Tomaten aus der Dose
Salz
50 g Grana Padano nach Belieben

Den Knoblauch schälen und in Scheiben schneiden. Den Peperoncino waschen, von Strunk und Kernen befreien und in feine Streifen schneiden.
In einer Pfanne das Olivenöl erhitzen und den Knoblauch mit dem Peperoncino darin anbraten.

Die Schältomaten oder das Tomatenfleisch dazugeben, salzen und alles etwa 15 Minuten lang unter häufigem Umrühren kochen.

In der Zwischenzeit die Penne Rigate in kochendem Salzwasser bissfest kochen, abgießen, gut abtropfen lassen und mit der Sauce anrichten. Nach Belieben Grana Padano über die Pasta reiben.

ALTERNATIVE SORTEN
Ein klassisches Rezept der sizilianischen Küche, das mit kurzen Pastasorten wie Tortiglioni und Rigatoni zuzubereiten ist.

PENNE RIGATE ALLA NORMA

ZUBEREITUNGSZEIT: 1 Stunde
KOCHZEIT: 11 Minuten
SCHWIERIGKEITSGRAD: MITTEL

ZUTATEN FÜR VIER PERSONEN

350 g Penne Rigate von Barilla
50 g Zwiebeln
250 g Auberginen
Olivenöl zum Frittieren
40 g Mehl
1 kg vollreife Tomaten
30 ml natives Olivenöl
1 Knoblauchzehe, geschält
Salz und Pfeffer aus der Mühle
50 g salziger Ricotta
6 Blatt Basilikum

Die Zwiebeln schälen und fein hacken. Die Auberginen waschen, trocknen und in Würfel oder Stäbchen schneiden. In ein Sieb geben, salzen und abtropfen lassen, um die Bitterstoffe zu entfernen. Nach rund 30 Minuten das Olivenöl in einer Pfanne erhitzen. Die Auberginenwürfel im Mehl wenden und im heißen Öl goldbraun frittieren.

Die Tomaten waschen und in Stücke schneiden. In einem hohen Topf das native Olivenöl erhitzen und die Zwiebeln mit der geschälten Knoblauchzehe darin anschwitzen. Die Tomaten dazugeben, salzen, pfeffern und etwa 10 Minuten lang kochen lassen, dann alles mit dem Pürierstab aufschlagen. Die frittierten Auberginenwürfel zur Tomatensauce geben und diese mit Salz und Pfeffer abschmecken.

Die Penne Rigate in reichlich Salzwasser bissfest kochen. Inzwischen den Ricotta reiben und das Basilikum grob zerzupfen. Am Ende der Kochzeit die Pasta abgießen, gut abtropfen lassen und auf vorgewärmten Tellern anrichten. Die Pasta mit der Sauce anrichten und mit dem Ricotta und dem Basilikum bestreuen.

ALTERNATIVE SORTEN
Ein klassisches Rezept der sizilianischen Küche, das mit kurzen Pastasorten wie Tortiglioni und Rigatoni zuzubereiten ist.

VOLLKORN-PENNETTE RIGATE MIT KIRSCHTOMATEN, KAPERN, OLIVEN UND SEETEUFEL

ZUBEREITUNGSZEIT: **20 Minuten**
KOCHZEIT: **9 Minuten**
SCHWIERIGKEITSGRAD: **MITTEL**

ZUTATEN FÜR VIER PERSONEN

350 g Vollkorn-Pennette Rigate von Barilla
300 g Seeteufel
30 ml natives Olivenöl
200 g Kirschtomaten
100 ml Weißwein
50 g Taggiasca-Oliven
10 g Kapern
eine in Salz eingelegte Sardelle
eine Knoblauchzehe
Petersilie
Salz

Den Seeteufel säubern und filetieren, dann in Stücke schneiden.

Die Vollkorn-Pennette Rigate in leicht gesalzenem kochenden Wasser garen.

In der Zwischenzeit das Öl in einer Pfanne mit der ganzen und geschälten Knoblauchzehe erhitzen, den Fisch dazugeben und kurz anbraten. Mit dem Weißwein ablöschen, verdampfen lassen und dann die gewaschenen und geviertelten Kirschtomaten dazugeben. Die entsalzene, von den Gräten befreite und zerkleinerte Sardelle und die Kapern hinzufügen und ein paar Minuten kochen lassen. Wenn nötig etwas Wasser hinzufügen. Die Oliven dazugeben und mit Salz abschmecken.

Die Pasta bissfest abgießen, mit der Sauce mischen und mit etwas gehackter Petersilie bestreuen.

ALTERNATIVE SORTEN

Auch Tortiglioni, Cellentani und Farfalle, sowohl als normale als auch als Vollkornnudeln, passen perfekt zu dieser Sauce.

VOLLKORN-PENNETTE RIGATE MIT WURST, WIRSING UND GERÄUCHERTEM SCAMORZA

ZUBEREITUNGSZEIT: 20 Minuten
KOCHZEIT: 9 Minuten
SCHWIERIGKEITSGRAD: MITTEL

ZUTATEN FÜR VIER PERSONEN

350 g Vollkorn-Pennette Rigate von Barilla
150 g Wirsing
1 Knoblauchzehe
1 Zweig Rosmarin
50 ml natives Olivenöl
200 g Bratwurst, am besten Salsicce
100 ml Gemüsebrühe
Salz und Pfeffer aus der Mühle
60 g geräucherter Scamorza
30 g geriebener Parmigiano Reggiano

Den Wirsing waschen, abtropfen lassen und in Streifen schneiden. Die Knoblauchzehe schälen. Den Rosmarin abzupfen und die Nadeln fein hacken. Das Olivenöl in einer Pfanne erhitzen. Das Wurstbrät aus der Pelle in die Pfanne drücken und zusammen mit dem Knoblauch und dem Rosmarin anbraten. Dabei das Brät mit dem Kochlöffel zerkleinern. Den Wirsing und die Brühe hinzufügen und alles bei schwacher Hitze ca. 5 Minuten schmoren. Am Ende der Garzeit die Knoblauchzehe entfernen, die Sauce mit Salz und Pfeffer abschmecken und warm stellen.

Die Vollkorn-Pennette Rigate in reichlich Salzwasser nach Herstelleranweisung bissfest kochen. Inzwischen den Scamorza in kleine Würfel schneiden. Am Ende der Kochzeit die Pennette Rigate abgießen und in die zuvor vorbereitete Sauce geben. Mit dem geriebenen Parmigiano Reggiano bestreuen und das Ganze gut mischen. Die Pasta auf vorgewärmten Tellern anrichten und mit den Scamorzawürfeln bestreuen.

ALTERNATIVE SORTEN
Für dieses rustikale Rezept werden kurze Pastasorten empfohlen wie Rigatoni, Penne Rigate und Vollkorn-Tortiglioni.

MEZZE PENNE RIGATE MIT VENUSMUSCHELN UND KICHERERBSEN

ZUBEREITUNGSZEIT: 60 Minuten
EINWEICHZEIT: 12 Stunden
KOCHZEIT: 11 Minuten
SCHWIERIGKEITSGRAD: MITTEL

ZUTATEN FÜR VIER PERSONEN

350 g Mezze Penne Rigate von Barilla
100 g getrocknete Kichererbsen (oder 250 g vorgekochte Kichererbsen)
60 ml natives Olivenöl
1 Knoblauchzehe, geschält und gehackt
Peperoncino, entkernt und in feine Streifen geschnitten
20 gehackte Petersilie
800 g Venusmuscheln
etwas Salz
4-5 Blätter Basilikum, in feine Streifen geschnitten
schwarzer Pfeffer aus der Mühle

Die Kichererbsen ca. 12 Stunden in Wasser einweichen und durch ein Sieb abgießen.
Die Kichererbsen in einem großen Topf mit reichlich kaltem Wasser aufsetzen und in ca. 1 Stunde weich kochen.
In der Zwischenzeit in der Hälfte des Olivenöls die Knoblauchzehen, den Peperoncino und die gehackte Petersilie anschwitzen. Die gut gewaschenen Venusmuscheln hinzugeben und bis zum Öffnen garen. Sobald die Muscheln sich geöffnet haben, den Kochsud filtrieren und einen Teil der Schalen entfernen. Nicht geöffnete Muscheln wegwerfen. Am Ende der Kochzeit die Kichererbsen mit einer Gabel zerdrücken oder mit dem Mixstab pürieren. Das Püree mit ein wenig Kochwasser der Venusmuscheln und dem restlichen Öl vermischen, dann mit ein wenig Salz und gemahlenem Pfeffer abschmecken.

Die Mezze Penne Rigate in kochendem Salzwasser bissfest garen, abgießen, mit der Kichererbsencreme und den ausgelösten Venusmuscheln mischen. Die Pasta auf vorgewärmten Tellern anrichten, mit den ungeschälten Muscheln garnieren und mit dem Basilikum bestreuen.

ALTERNATIVE SORTEN

Für diese Sauce, die Meeres- und Hülsenfrüchte verbindet, können Sie auch andere kurze Pastasorten verwenden. Zum Beispiel: Mezze Maniche Rigate, Rigatoni und Penne Rigate.

I love Pasta

MINI PENNE RIGATE MIT ZUCCHINI UND TOMATEN IN PARMIGIANOKRUSTE

ZUBEREITUNGSZEIT: 20 Minuten
KOCHZEIT: 6 Minuten
SCHWIERIGKEITSGRAD: MITTEL

ZUTATEN FÜR VIER PERSONEN

350 g Mini Penne Rigate von Barilla
100 g Zucchini
20 g weiße Zwiebel
250 g Pachino-Tomaten
1 Knoblauchzehe
1 Peperoncino
1 Bund gemischte Kräuter
1 Bund Petersilie
20 ml natives Olivenöl
120 g geriebener Parmigiano Reggiano
40 g Taggiasca-Oliven
30 g in Salz eingelegte Kapern
15 g Pinienkerne
Salz

Die Zucchini waschen und in Würfel schneiden Die Zwiebel schälen und fein hacken. Die Knoblauchzehe schälen. Die Tomaten waschen, entkernen und in Würfel schneiden. Die gemischten Kräuter und die Petersilie waschen, trockenschütteln und fein hacken.
In einer Pfanne das Olivenöl erhitzen und die Zwiebel mit der Knoblauchzehe und dem Peperoncino darin anschwitzen. Die Tomatenstücke zusammen mit den gemischten Kräutern, den Oliven und den Kapern dazugeben, das Ganze einige Minuten kochen und mit Salz abschmecken. Knoblauch und Peperoncino aus der Sauce nehmen und wegwerfen.
Die Pinienkerne in einer heißen Pfanne ein paar Minuten lang rösten.

Für die Parmigiano-Reggiano-Körbchen eine kleine beschichtete Pfanne erhitzen und ein Viertel des Parmigiano Reggiano hineinstreuen. Die Pfanne vorsichtig wieder erhitzen, bis der Käse vollständig geschmolzen ist. Die Käsewaffel rasch über ein umgestülpten Glas legen und auskühlen lassen. Auf diese Weise 3 weitere Käse-Körbchen formen.
Inzwischen die Mini Penne Rigate zusammen mit den Zucchini in reichlich kochendem Salzwasser bissfest kochen. Die Pasta abgießen und mit der Tomatensauce mischen.
Die Parmigianokörbchen auf vier Teller verteilen, die Pasta darin anrichten und mit den gerösteten Pinienkernen bestreuen.

ALTERNATIVE SORTEN

Diese Pasta ist auch mit anderen Pastasorten hervorragend wie Mini Fusilli, Mezze Penne Rigate und Pennette Rigate.

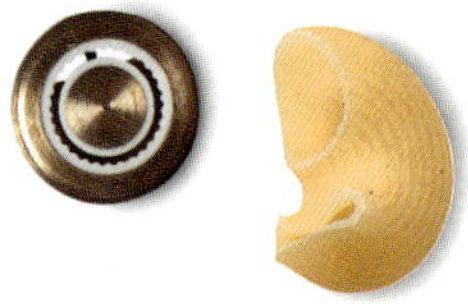

PIPE RIGATE MIT JAKOBSMUSCHELN UND KÜRBIS

ZUBEREITUNGSZEIT: 40 Minuten
KOCHZEIT: 10 Minuten
SCHWIERIGKEITSGRAD: LEICHT

ZUTATEN FÜR VIER PERSONEN

350 g Pipe Rigate von Barilla
300 g Kürbis
1 gelbe Zwiebel
12 Jakobsmuscheln
20 ml natives Olivenöl
1 Zweig Rosmarin, nur die Nadeln
1 Knoblauchzehe, geschält und fein gehackt
Salz und Pfeffer aus der Mühle
etwas Balsamessig aus Modena

Den Kürbis putzen und von allen Schalen, Fasern und Kernen befreien. Das Kürbisfleisch in ca. 1 cm große Würfel schneiden. Die Zwiebel schälen und fein würfeln.

Die Kürbisabfälle mit der Zwiebel und einer Prise Salz in einen Topf geben, etwa 750 ml Wasser dazugießen (in jedem Fall so viel, dass alles bedeckt ist), aufkochen und das Gemüse garen. Sobald es weich ist, in den Mixer geben und zu einer Creme verarbeiten.

Die Jakobsmuscheln putzen und in Würfel schneiden.
In einer Pfanne das Öl erhitzen. Den Knoblauch und den Rosmarin darin kurz anschwitzen, die, Kürbiswürfel dazugeben, anbraten, salzen und pfeffern. Den Kürbis herausnehmen und in derselben Pfanne die in Würfel geschnittenen Jakobsmuscheln eine Minute pro Seite braten, salzen und pfeffern und zusammen mit den Kürbiswürfeln zur Kürbiscreme geben.

In der Zwischenzeit die Pipe Rigate in kochendem Salzwasser bissfest kochen, gut abtropfen lassen. und mit der Kürbissauce mischen.
Die Pasta auf vorgewärmten Tellern anrichten und nach Belieben mit Balsamessig beträufeln.

ALTERNATIVE SORTEN
Dieses Rezept ist auch mit Sedani Rigati, Conchiglie Rigate und Mezze Maniche Rigate hervorragend.

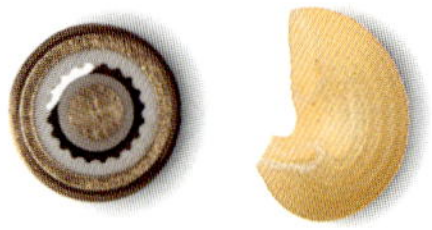

MINI PIPE RIGATE VEGETARISCH

ZUBEREITUNGSZEIT: 40 Minuten
KOCHZEIT: 6 Minuten
SCHWIERIGKEITSGRAD: LEICHT

ZUTATEN FÜR VIER PERSONEN

350 g Mini Penne Rigate von Barilla
50 g Karotten
50 g Staudensellerie
50 g Zucchini
50 g Auberginen
25 g Erbsen
50 g Zwiebeln
50 ml natives Olivenöl
etwas Salz
400 g geschälte Tomaten
1 Lorbeerblatt
4 Blatt Basilikum
schwarzer Pfeffer aus der Mühle

Die Karotte, den Staudensellerie, die Zucchini und die Aubergine putzen, waschen und in Würfel schneiden. Die Auberginenwürfel salzen, in ein Sieb geben und etwa 30 Minuten abtropfen lassen, um die Bitterstoffe zu entfernen. Die Erbsen in etwas Salzwasser gar kochen. Inzwischen die Zwiebel schälen und hacken.

Das Öl in einer Kasserolle erhitzen und die Zwiebel zusammen mit dem Sellerie und der Karotte anschwitzen. Das restliche Gemüse unter Beachtung der unterschiedlichen Garzeiten dazugeben, bei mäßiger Hitze garen und dann salzen. Die Schältomaten mit dem Lorbeerblatt zum Gemüse geben und alles weitere 10 Minuten kochen. Dabei die Tomaten mit dem Kochlöffel zerdrücken.

In der Zwischenzeit die Mini Pipe Rigate in kochendem Salzwasser bissfest kochen, abgießen, gut abtropfen lassen und mit dem Gemüseragout anrichten. Zum Schluss die Basilikumblätter grob zerpflücken. Das Gericht damit bestreuen und nach Geschmack mit schwarzem Pfeffer übermahlen.

ALTERNATIVE SORTEN

Diese farbenfrohe und leckere Sauce passt gut zu kleinen Pastasorten. Außer den Mini Pipe Rigate können Sie Mini Fusilli und Mini Penne Rigate wählen.

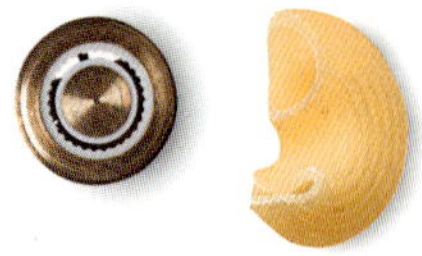

KARTOFFEL-ESSKASTANIEN-SUPPE MIT MILCH UND PIPETTE RIGATE

ZUBEREITUNGSZEIT: 20 Minuten
EINWEICHZEIT: 12 Stunden
KOCHZEIT: 1 Stunde und 20 Minuten
SCHWIERIGKEITSGRAD: LEICHT

ZUTATEN FÜR VIER PERSONEN

- 200 g Pipette Rigate von Barilla
- 200 g getrocknete Esskastanien
- 50 g Porree
- 100 g Zwiebel
- 250 g Kartoffeln
- 35 g Butter
- 1 l Gemüsebrühe
- 500 ml Milch
- Salz und Pfeffer
- 60 ml natives Olivenöl

Die getrockneten Kastanien 12 Stunden lang in Wasser einweichen und abgießen.

Den Porree waschen und putzen. Die Zwiebeln schälen. Die weißen Teile des Porree und die Zwiebeln in feine Scheiben schneiden. Die Kartoffeln schälen und würfeln. Die Butter in einem Topf erhitzen und Porree und Zwiebeln darin glasig schwitzen. Die Kartoffeln und die Kastanien dazugeben und kurz andünsten.

Die Brühe und die Milch hinzufügen, salzen und pfeffern und die Suppe bei schwacher Hitze ca. 1 Stunde und 15 Minuten köcheln lassen. Am Ende der Kochzeit die Suppe nach Belieben pürieren.

Die Pipette Rigate in die Suppe geben, in etwa 8 Minuten bissfest kochen und jede Portion mit 15 ml kaltem Olivenöl servieren.

ALTERNATIVE SORTEN

Für diese typisch herbstliche Suppe sind auch andere Pastasorten perfekt wie Ditaloni Rigati und Farfalline.

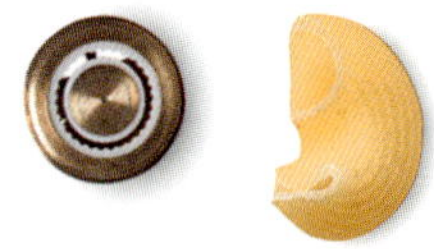

AUFLAUF AUS PIPETTE RIGATE MIT ZUCCHINI, KAROTTEN UND TOMATEN IN GORGONZOLACREME

ZUBEREITUNGSZEIT: 50 Minuten
KOCHZEIT: 8 Minuten
SCHWIERIGKEITSGRAD: MITTEL

ZUTATEN FÜR VIER PERSONEN

250 g Pipette Rigate von Barilla
10 g Butter für die Formen
1 Packung Filloteig
2 Zucchini
2 Karotten
100 g Pachino-Tomaten
30 ml natives Olivenöl
Salz und Pfeffer aus der Mühle
60 g Gorgonzola
100 ml Milch
30 g geriebener Parmigiano Reggiano
30 g gehackte Petersilie

4 Aluminiumformen buttern und mit Filloteig auslegen. Die Pipette Rigate in reichlich kochendem Salzwasser knapp bissfest kochen, abgießen, in eine ofenfeste Form geben und mit 15 ml Olivenöl vermischen.

Die Zucchini und die Karotten putzen und in Würfel schneiden, die Tomaten waschen und vierteln. Das Olivenöl in einer Pfanne erhitzen und Zucchini und Karotten darin bei mäßiger Hitze etwa 4 Minuten anschwitzen. Die Tomaten dazugeben und eine weitere Minute garen, salzen, pfeffern und beiseite stellen.

Den Backofen auf 180 °C vorheizen. Den Gorgonzola in der Milch schmelzen lassen und die Sauce mit Salz und Pfeffer abschmecken.

Die Pipette mit dem Gemüse mischen, in die Formen füllen, mit dem geriebenen Parmigiano Reggiano bestreuen und im heißen Ofen etwa 5 Minuten überbacken. Etwas Gorgonzolasauce auf jeden Teller gießen, den Auflauf darauf anrichten und mit der Petersilie bestreuen.

ALTERNATIVE SORTEN

Dieser Auflauf kann auch mit anderen Pastasorten zubereitet werden. Sie können Spaghetti, Eier-Taglierini und Mini Penne Rigate verwenden.

RIGATONI MIT CACIO UND PFEFFER

ZUBEREITUNGSZEIT: 10 Minuten
KOCHZEIT: 11 Minuten
SCHWIERIGKEITSGRAD: LEICHT

ZUTATEN FÜR VIER PERSONEN

350 g Rigatoni von Barilla
Salz
200 g geriebener Pecorino Romano
100 ml natives Olivenöl
Schwarzer Pfeffer aus der Mühle

Die Rigatoni in reichlich kochendem Salzwasser bissfest kochen und abgießen. Das Kochwasser auffangen.

Die Rigatini in eine vorgewärmte Schüssel geben und mit dem Pecorino Romano, dem Olivenöl und 2-3 EL Kochwasser mischen.

Die Rigatoni auf vorgewärmten Tellern anrichten und kräftig mit schwarzem Pfeffer übermahlen.

Dann schwarzen Pfeffer nach Geschmack hinzufügen: von leicht bestäubt bis kräftig bestreut. Wichtig ist, dass der Pfeffer erst in diesem Moment gemahlen wird. Die Rigatoni sofort servieren.

ALTERNATIVE SORTEN
Für dieses traditionelle Rezept der Küche des Latiums sind andere klassische Sorten, die Sie verwenden können Bucatini und Spaghetti alla Chitarra.

BOHNENSUPPE MIT MEZZI RIGATONI

ZUBEREITUNGSZEIT: 1 Stunde
EINWEICHZEIT: 12 Stunden
KOCHZEIT: 10 Minuten
SCHWIERIGKEITSGRAD: LEICHT

ZUTATEN FÜR VIER PERSONEN

200 g Mezzi Rigatoni von Barilla
300 g Cannellini-Bohnen
300 g Borlotti-Bohnen
200 g Zwiebeln
100 g Karotten
100 g Staudensellerie
30 ml natives Olivenöl
1 Zweig Thymian
Salz und Pfeffer

Die Bohnen etwa 12 Stunden lang in kaltem Wasser einweichen.

Die Zwiebeln schälen, die Karotten und den Staudensellerie putzen und alles fein hacken. Das Olivenöl in einer Kasserolle erhitzen und das Gemüse darin anbraten, dann die abgegossenen Bohnen und den abgezupften Thymian hinzufügen. Soviel kaltes Wasser angießen, dass das Gemüse gut bedeckt ist. Das Ganze aufkochen und zugedeckt 1 Stunde köcheln lassen. Bei Bedarf kochendes Wasser nachgießen.

Das Gemüse salzen und pfeffern die Mezzi Rigatoni hinzufügen in der Suppe bissfest kochen.
Die Bohnensuppe mit Salz und Pfeffer abschmecken und servieren.

ALTERNATIVE SORTEN
Für diese Bohnensuppe eignen sich auch zwei andere Suppennudelsorten sehr gut: Ditaloni Rigati und Farfalline.

MEZZI RIGATONI MIT STEINPILZEN UND THYMIAN AUF GORGONZOLA-FONDUE

ZUBEREITUNGSZEIT: 30 Minuten
KOCHZEIT: 10 Minuten
SCHWIERIGKEITSGRAD: MITTEL

ZUTATEN FÜR VIER PERSONEN

350 g Mezzi Rigatoni von Barilla
400 g gewürfelte Steinpilze
150 g Gorgonzola
30 ml frische Sahne
50 g geriebener Parmigiano Reggiano
30 g grob gehackte Kerne (Pistazien, Haselnüsse, Pinienkerne)
20 ml natives Olivenöl
ein Bund Petersilie
ein Bund Thymian
eine Knoblauchzehe
Salz und weißer Pfeffer

Das native Olivenöl mit den Petersilienstengeln und der Knoblauchzehe in eine vorgewärmte Pfanne geben, die gewürfelten Pilze hinzufügen und bei starker Hitze einige Minuten lang anbraten. Wenn die Steinpilze gut angebraten sind, die Petersilienstengel und die Knoblauchzehen herausnehmen. Mit Salz und Pfeffer abschmecken und mit Thymian und Petersilie bestreuen.

In einer Kasserolle bei schwacher Hitze den Gorgonzola mit der frischen Sahne schmelzen und wenn diese gut vermischt sind, den Parmigiano Reggiano zugeben und mit Salz abschmecken. Nun alles im Mixer aufschlagen und warm stellen.

Die Mezzi Rigatoni in reichlich Salzwasser garen. Bissfest abgießen und ein wenig mit den Steinpilzen in der Pfanne schwenken.

Einen Spiegel aus Gorgonzola-Fondue auf einen flachen Teller gießen und die Pasta in der Mitte anrichten. Vor dem Servieren mit den zuvor einige Minuten in der Pfanne angerösteten Kernen garnieren.

ALTERNATIVE SORTEN

Für dieses Rezept sind auch andere Pastasorten hervorragend geeignet, sowohl lange wie Eier-Tagliatelle als auch kurze wie Castellane und Tortiglioni.

SEDANI RIGATI MIT TOMATEN-PESTO

ZUBEREITUNGSZEIT: 5 Minuten
KOCHZEIT: 12 Minuten
SCHWIERIGKEITSGRAD: LEICHT

ZUTATEN FÜR VIER PERSONEN

350 g Sedani Rigati von Barilla
800 g reife Tomaten
etwas Salz
30 g Pinienkerne
30 g geschälte Mandeln
30 g Walnüsse
1 Knoblauchzehe, geschält
5 Blatt Pfefferminze
60 g geriebener Parmigiano Reggiano
60 ml natives Olivenöl
Salz und Pfeffer aus der Mühle

Mit einem Messer die Tomaten x-förmig einschneiden und dann 30-40 Sekunden lang in einem Topf mit reichlich kochendem Salzwasser brühen. Mit einer Schaumkelle die Tomaten herausholen und in einer Schüssel mit eiskaltem Wasser abschrecken. Die Tomaten häuten, vierteln und entkernen.

Die Tomatenviertel in einen Mixer oder den Mixbecher des Pürierstabs geben, die Pinienkerne, die geschälten Mandeln, die Walnüsse, den geschälten und zerkleinerten Knoblauch, die Minzeblätter, den Parmigiano Reggiano und zwei Esslöffel natives Olivenöl dazugeben. Alles zu einer glatten Paste mixen und mit Salz und Pfeffer abschmecken.

Das Kochwasser der Tomaten wieder zum Kochen bringen und die Sedani Rigati darin nach Herstelleranweisung bissfest kochen, abgießen und in einer vorgewärmten Schüssel mit dem Pesto mischen.

Die Pasta auf vorgewärmte Teller geben, mit dem restlichen Öl beträufeln und mit reichlich schwarzem Pfeffer übermahlen.

ALTERNATIVE SORTEN
Zu diesem Rezept mediterranen Geschmacks werden kurze Pastasorten empfohlen. Zum Beispiel: Pennette Rigate, Fusilli und Conchiglie Rigate.

SALAT MIT SEDANI RIGATI UND ROHEM SCHINKEN

ZUBEREITUNGSZEIT: 15 Minuten
KOCHZEIT: 12 Minuten
SCHWIERIGKEITSGRAD: LEICHT

ZUTATEN FÜR VIER PERSONEN

300 g Sedani Rigati von Barilla
60 g Mayonnaise, selbstgerührt oder Fertigprodukt
1 EL mittelscharfer Senf
50 ml natives Olivenöl
schwarzer Pfeffer aus der Mühle
200 g roher Schinken in einer einzigen Scheibe
200 g in Essig eingelegtes Gemüse
1/2 Zitrone
20 g gehackte Petersilie
etwas Salz

In einer Schüssel die Mayonnaise und den Senf mit etwas Öl vermischen und dann mit Pfeffer bestreuen. Den Schinken in Würfel schneiden. Das Essiggemüse gut abtropfen lassen und in mundgerechte Stücke schneiden.

Die Zitrone mit einem sehr scharfen Messer schälen. Dabei die weiße Haut mit abschneiden. Die Filets heraustrennen und klein schneiden.

Die Sedani Rigati in reichlich kochendem Salzwasser knapp bissfest kochen, abgießen, mit fließendem Wasser abbrausen, abtropfen lassen und in eine ausreichen große Salatschüssel geben.

Die Pasta mit der Senfsauce, dem Schinken, dem Essiggemüse, der Petersilie und den Zitronenstücken vermischen und mit Salz und Pfeffer abschmecken.

ALTERNATIVE SORTEN

Für dieses ausgefallene Rezept eignen sich auch andere kurze Pastasorten. Zum Beispiel: Penne Rigate, Fusilli und Farfalle.

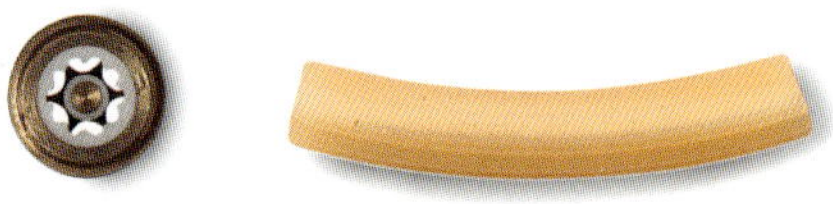

SEDANINI RIGATI MIT RUCOLA-PESTO UND LACHS

ZUBEREITUNGSZEIT: 35 Minuten
KOCHZEIT: 12 Minuten
SCHWIERIGKEITSGRAD: MITTEL

ZUTATEN FÜR VIER PERSONEN

350 g Sedanini Rigati von Barilla
50 g Kartoffeln
2 Schalotten
200 g frischen Lachs
etwas Salz
200 ml natives Olivenöl
100 g Rucola
1 Knoblauchzehe
20 g Pinienkerne
50 ml Gemüsebrühe
5 ml Wodka
120 g Kirschtomaten
20 g Rosmarin, die Nadeln abgezupft und fein gehackt
schwarzer Pfeffer aus der Mühle

Die Kartoffeln waschen und in kochendem Salzwasser garen, abgießen und schälen. Die Schalotten schälen und fein hacken. Den Lachs in Würfel schneiden. Die Kartoffeln in einen Mixer oder den Mixbecher des Pürierstabs geben. 150 ml Olivenöl, den Rucola, den Knoblauch, den Pinienkernen und der Gemüsebrühe dazugeben und alles mixen.

Das restliche Öl in einer Pfanne erhitzen und die gehackte Schalotte darin anschwitzen, den Lachs dazugeben und von allen Seiten anbraten, salzen und pfeffern. Den Lachs mit dem Wodka begießen. Dabei zurücktreten, falls sich der Alkohol entzünden sollte, die halbierten Kirschtomaten dazugeben und den Wodka verdampfen lassen.
Das Fischragout mit der Kartoffelsauce und dem Rosmarin mischen und warm stellen.

Die Sedanini Rigati in reichlich Salzwasser bissfest kochen, abgießen und mit der Sauce mischen.

ALTERNATIVE SORTEN
Diese Sauce ist ideal für kurze Pastasorten. Alternativ zu den Sedanini Rigati können Sie Penne Rigate, Fusilli oder Pipe Rigate verwenden.

MARGHERITA-SALAT MIT SEDANINI RIGATI

ZUBEREITUNGSZEIT: **15 Minuten**
KOCHZEIT: **12 Minuten**
SCHWIERIGKEITSGRAD: **LEICHT**

ZUTATEN FÜR VIER PERSONEN

350 g Sedanini Rigati von Barilla
etwas Salz
250 g Kirschtomaten
200 g Mozzarella
80 ml natives Olivenöl
4-5 Blätter Basilikum
30 g Weißweinessig
schwarzer Pfeffer aus der Mühle
20 g frischer Oregano, fein gehackt

Die Sedanini in reichlich kochendem Salzwasser knapp bissfest garen, abgießen und kurz unter fließendem kaltem Wasser abbrausen. Die Sedanini gut abtropfen lassen, in eine große Salatschüssel geben und mit 30 ml Öl mischen, damit sie nicht verkleben.

Die Kirschtomaten waschen und achteln. Den Mozzarella in Würfel ungefähr der gleichen Größe schneiden und beides unter die Pasta mischen.

Den Essig mit 1 Prise Salz und dem restlichen Olivenöl zu einer Marinade rühren und den Salat damit anmachen.

Vor dem Servieren mit schwarzem Pfeffer übermahlen und mit dem Oregano bestreuen.

ALTERNATIVE SORTEN
Für diesen mediterranen Salat werden auch andere kurze Pastasorten empfohlen, zum Beispiel Farfalle, Cellentani und Pipe Rigate.

TORTIGLIONI MIT PARMIGIANO REGGIANO-SAUCE UND BALSAMESSIG AUS MODENA

VORBEREITUNG UND KOCHZEIT: 12 Minuten
SCHWIERIGKEITSGRAD: LEICHT

ZUTATEN FÜR VIER PERSONEN

350 g Tortiglioni von Barilla
etwas Salz
300 ml Sahne
120 g geriebener Parmigiano Reggiano
etwas schwarzer Pfeffer aus der Mühle
60 ml traditioneller Balsamessig aus Modena
Salz und Pfeffer

Die Tortiglioni in reichlich kochendem Salzwasser bissfest kochen.

In der Zwischenzeit in einem Topf Pfanne die Sahne zum Kochen bringen, den geriebenen Parmigiano Reggiano einstreuen und abseits vom Feuer mit dem Schneebesen rühren, bis sich der Käse aufgelöst hat und eine dicke Sauce entstanden ist. Mit Salz und Pfeffer abschmecken und warm stellen.

Die Tortiglioni a Ende der Kochzeit abgießen und mit der Käsesauce vermischen.

Die Pasta auf vorgewärmten Tellern anrichten und jede Portion nach Geschmack mit etwas Balsamessig beträufeln.

ALTERNATIVE SORTEN
Dieses Rezept passt sehr gut zu kurzen Pastasorten. Anstelle der Tortiglioni können Sie auch Farfalle, Mezze Penne Rigate und Conchiglie Rigate verwenden.

VOLLKORN-TORTIGLIONI MIT PAPRIKA

ZUBEREITUNGSZEIT: 20 Minuten
KOCHZEIT: 11 Minuten
SCHWIERIGKEITSGRAD: LEICHT

ZUTATEN FÜR VIER PERSONEN

350 g Vollkorn-Tortiglioni von Barilla
100 g Zwiebeln
1 rote Paprikaschote
1 gelbe Paprikaschote
50 ml natives Olivenöl
100 ml süße Sahne
Salz und Pfeffer aus der Mühle

Die Zwiebeln schälen und in Scheiben schneiden. Die Paprikaschoten putzen, waschen und in Streifen schneiden.

In einer Pfanne das Öl erhitzen und die Zwiebeln darin kurz anschwitzen. Dann die Paprikastreifen mit 3 EL Wasser dazugeben und dünsten, bis die Paprika weich sind. Die Sahne angießen, etwas einkochen lassen, die Sauce mit Salz uns Pfeffer abschmecken und warm stellen.

Die Vollkorn- Tortiglioni in reichlich Salzwasser bissfest kochen, abgießen und mit der Sauce mischen.

ALTERNATIVE SORTEN
Dieses Rezept ist auch mit anderen kurzen Pastasorten hervorragend. Ideal sind Vollkorn- Cellentani, Rigatoni und Pipe Rigate.

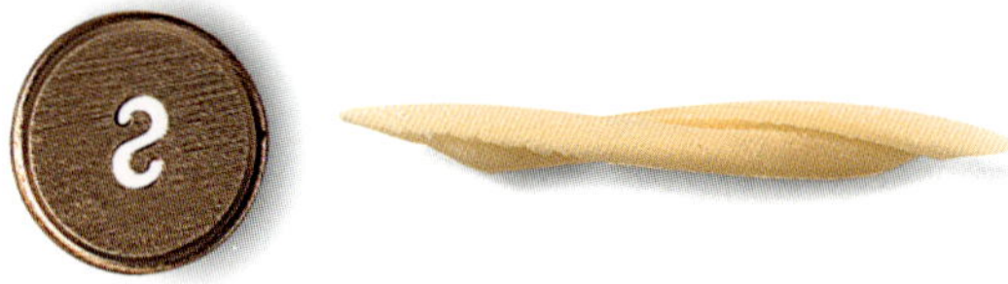

TROFIE LIGURI MIT PESTO GENUESER ART

ZUBEREITUNGSZEIT: 15 Minuten
KOCHZEIT: 10 Minuten
SCHWIERIGKEITSGRAD: LEICHT

ZUTATEN FÜR VIER PERSONEN

350 g Trofie Liguri von Barilla
30 g Basilikumblätter
200 ml natives Olivenöl (möglichst aus Ligurien)
etwas Salz
1 Knoblauchzehe
10 g Pinienkerne
60 g geriebener Parmigiano Reggiano
40 g geriebener reifer Pecorino (Schafskäse)
100 g grüne Bohnen
200 g Kartoffeln

Das Basilikum waschen und trockentupfen. Das Basilikum mit 150 ml Öl, einer Prise Salz, dem Knoblauch und den Pinienkernen im Mixer zerkleinern. Anschließend den Parmigiano Reggiano und den geriebenen reifen Pecorino hinzufügen und das Ganze zu einem cremigen Pesto mixen. Das restliche Öl angießen, so dass das Pesto mit Öl bedeckt ist und das Ganze beiseite stellen.

Die grünen Bohnen in mundgerechte Stücke schneiden. Die Kartoffeln schälen und in 1 cm große Würfel schneiden. Reichlich Salzwasser aufkochen und die Bohnen fünf Minuten darin blanchieren. Mit einem Schaumlöffel herausnehmen und warm stellen. Die Kartoffelwürfel ins Salzwasser geben und etwa 5 Minuten kochen, dann Trofie Liguri dazugeben und nach Herstellerempfehlung bissfest kochen.

Das Ganze abgießen und mit den Bohnen in eine Schüssel geben. Mit dem Pesto und etwas Kochwasser vermischen und heiß servieren.

ALTERNATIVE SORTEN
Dies ist ein klassisches Rezept der Regionalküche und nach den Trofie Liguri werden als weitere Pastasorte Bavette empfohlen.

I love Pasta

TROFIE LIGURI MIT WALNUSS-SAUCE

ZUBEREITUNGSZEIT: 15 Minuten
KOCHZEIT: 10 Minuten
SCHWIERIGKEITSGRAD: LEICHT

ZUTATEN FÜR VIER PERSONEN

350 g Trofie Liguri von Barilla
50 g Walnüsse ohne Schale
25 g altbackenes Brötchen
100 ml Milch
15 g Pinienkerne
20 g geriebener Parmigiano Reggiano
eine Knoblauchzehe
20 g abgezupfter Rosmarin
100 ml natives ligurisches Olivenöl
Salz

Die Walnusskerne einige Minuten lang in kochendem Wasser einweichen, in ein sauberes Küchentuch geben und die Haut abreiben. Die Rinde von dem Brötchen entfernen, das Innere in der Milch einweichen und ausdrücken.

Das Brötchen, die Nudeln, die Pinienkerne, den Parmigiano Reggiano, die Knoblauchzehe, den Rosmarin und das Olivenöl mit etwas Salz im Mixer oder mit dem Mixstab zu einer gleichmäßigen Sauce verarbeiten. Wenn nötig, etwas Milch hinzufügen.

Die Trofie Liguri in reichlich kochendem Salzwasser bissfest kochen, abgießen und mit der Walnuss-Sauce mischen und wenn erforderlich mit etwas Kochwasser verdünnen.

ALTERNATIVE SORTEN
Dies ist ein klassisches Rezept der Regionalküche und nach den Trofie Liguri werden als weitere Pastasorte Bavette empfohlen.

ÜBERBACKENE PASTA UND EIERNUDELN

HÖCHSTE GAUMENFREUDE

I ♥ love Pasta

Die goldgelben und duftenden Eiernudeln sind die appetitanregendsten. Als Abkömmlinge des traditionellen, von den emilianischen Frauen von Hand hergestellten Teigblatts, das dann mit dem Nudelholz auf dem Nudelbrett ausgerollt wird, gibt es sie in verschiedenen Sorten – von den langen wie den klassischen Tagliatelle, die mit dem schmackhaften und gehaltvollen Ragout alla Bolognese serviert werden, oder den Fettuccine, die auch nur mit frischer Butter und Parmigiano Reggiano köstlich sind oder aber mit Steinpilzsauce, bis zu den kurzen wie den Maltagliati mit unregelmäßiger Form, Stärke und Größe, die ursprünglich aus den Resten des Teigblatts stammten, die aus der Zubereitung der Tagliatelle oder gefüllter Pasta überblieben, oder den Garganelli, aufgerollte Teig-Quadrate mit schrägen und spitzen Ecken. Von der im Ofen überbackenen Pasta erfreut sich vor allem die Lasagne größter Beliebtheit, Teig-Rechtecke, die bereits von den alten Römern geschätzt wurden, die sie mit Schichten aus Hülsenfrüchten und Käse zubereiteten. Heute kombiniert man sie mit einer Vielzahl von Saucen mit Fleisch, Fisch oder Gemüse oder mit Pesto alla Genovese. Cannelloni können mit ebenso zahlreichen Saucen gefüllt werden, während die kleinen Sorten eher für Suppen geeignet sind, wie die Grattini, die hier in einer einladenden Fischsuppe vorgeschlagen werden.

Rau und porös nehmen die Eiernudeln jede Sauce perfekt auf und bereichern den Geschmack und den Genuss eines jeden Rezepts. Doch jede Sorte will richtig kombiniert werden. Die grünen Eier-Lasagne, deren Farbe durch Hinzufügen von Spinat zum Teig entsteht, sind perfekt mit dem Ragout alla Bolognese. Unter der gefüllten Pasta sind die Tortellini mit rohem Schinken hervorragend, wenn sie in Brühe oder mit einer zarten und weichen Erbsencreme serviert werden, während die Tortelloni mit Ricotta und Spinat gut zur Einfachheit von zerlassener Butter und Salbei passen. Da es sich um einen Pastatyp mit langer und ruhmreicher Geschichte handelt, kennt die italienische Gastronomiekultur Norditaliens viele typische Gerichte, zum Beispiel die Eier-Tagliolini alla Monferrina, die ihre Würze von mit Kräutern aromatisierter Butter und Knoblauch sowie einer großzügigen Portion Parmigiano Reggiano erhalten, oder die Spaghetti alla Chitarra alla Gricia, eine Spezialität aus Latium, zubereitet mit einer Sauce aus Schweinebacke oder Schweinespeck und Peperoncino und mit geriebenem Pecorino Romano bestreut.

EIER-CANNELLONI

GEFÜLLT MIT GEMÜSE, RICOTTA UND KÄSE UND MIT GEHALTVOLLEN FLEISCHSAUCEN, KOMBINIERT MIT BÉCHAMELSAUCE UND DANN IM OFEN ÜBERBACKEN.

Mittelitalien, heute in ganz Italien verbreitet.

Er leitet sich vom italienischen Wort *Canna* und genauer *Cannello ab*, das ein kurzes Rohr mittlerer Größe bezeichnet. Diese Nudeln werden auch *Cannacciotti* oder *Canneroni* genannt. Im Veltlin heißen sie *Manfrigoli*, im Neapolitanischen *Cannaroni* mit Bezug auf die Form der Speiseröhre von Tieren, in Kalabrien *Schiaffettoni*, in Sizilien *Cannoli* oder auch *Crusetti*.

Die Cannelloni können als eine relativ junge Pastasorte betrachtet werde. Die ersten sicheren Quellen gehen auf das 19. Jahrhundert zurück und finden sich in der handschriftlichen Rezeptsammlung eines Kochs aus Arezzo, Gio Batta Magi (1842-1885), der die Zubereitung einer Auflaufs aus Maccheroni erwähnt. Es handelt sich vielleicht um eine Weiterentwicklung der „gefüllten Maccheroni" die bereits von Vincenzo Corrado im Cuoco galante *(Der galante Koch) beschrieben wurden, der 1773 in Neapel veröffentlicht wurde, nur kleiner. Die Cannelloni tauchen jedoch erst in den Rezeptsammlungen des 20. Jahrhunderts auf, mit Fleisch gefüllt und mit Béchamelsauce bedeckt und dann im Ofen gratiniert. Eine kuriose Tradition, die von Gaetano Afeltra erwähnt wird, besagt, dass sie von Salvatore Coletta, dem Koch des Restaurants* Cappuccini *in Amalfi, 1924 erfunden und mit dem Läuten der Glocken angekündigt wurden. Seitdem gelten sie als eines der beliebtesten Festessen.*

„Um 13 Uhr an einem Augusttag im Jahr 1924, als die Sonne die Steine zum Schmelzen brachte und der ganze Ort in einem Übermaß an strahlenden Licht zu schlummern schien, das die Spiegelung des Meeres in einen verschwommenen Nebel verwandelte, fingen plötzlich die Glocken der Kirche des Klosters, das 1222 vom heiligen Franziskus gegründet worden war, laut zu läuten an, so wie am Ostertag im Moment der Auferstehung. Amalfi wurde mit einem Schlag wach. Welche gute Nachricht versprach dieser frohe Klang?
Von den Balkonen fragten es sich die Leute, doch niemand wusste eine Antwort. Nur im alten Kloster der Kapuzinermönche wussten sie es.
In Amalfi waren die Beziehungen zwischen den beiden Hotels, dem Hotel Luna und dem Hotel Cappuccini, von gegenseitigem Respekt und vornehmer Loyalität geprägt. Beide „Dynastien" des Gastgewerbes, die Barbaro des Hotel Luna und die Vozzi des Restaurants Cappuccini, hatten sich immer eisern an eine Regel gehalten: Wenn die Küche eines der beiden Hotels ein neues Gericht erfand, standen die erste Kostprobe und das Urteil der anderen zu. Und so geschah es auch an diesem Augusttag im Jahr 1924. Dem Chef Salvatore Coletta gelang nach verschiedenen geheimen Versuchen ein Gericht, das er Don Alfredo persönlich präsentierte. Er hatte Monate daran gearbeitet und ihm auch einen Namen gegeben: Cannelloni. Aufgereiht auf dem Servierteller verströmten sie mit ihren lebhaften Farben einen erhabenen Duft. Don Alfredo kostete einen Happen, riss die Augen auf und sagte nur: „Gut gemacht, Salvatore, für mich sind sie göttlich. Aber wir brauchen das Urteil des Hotels Luna. Schick sofort nach Don Andrea Barbaro"*. Der Bote eilte flugs davon.*
Don Andrea, der allgemein „der Besitzer des Luna" genannt wurde, war ein bekannter Feinschmecker: Er wog 130 Kilo. Er verschlang das Gericht mit großem Appetit und gab, nachdem er noch mit der Serviette am Hals aufgestanden war, den Befehl, des Ruhmes wegen die Glocken der Klosterkirche zu läuten. Für ihn war die Erfindung der Cannelloni ein außerordentliches Ereignis, das es zu feiern galt, eine große kulinarische Errungenschaft, die dem Volk als Kunde überbracht werden musste. Das plötzliche Glockenläuten war im „Cappuccini" zu hören. Don Alfredo bemerkte auf der Terrasse des Hotels Luna ein merkwürdiges Flattern. Er nahm das Fernglas und sah, dass es das gesamte Personal des „Luna" war, das feierte und dazu die Servietten flattern ließ. Die Ehre gebührt dem Sieger. In der Zwischenzeit läuteten die Glocken von Amalfi weiter.
Natürlich ist nach der Erfindung des Kompasses die Erfindung der Cannelloni ein weiterer Vorzug der Stadt. In London, in New York, in der ganzen Welt werden sie gegessen, doch man kennt ihre Geschichte nicht, vielleicht noch nicht einmal in Italien. Salvatore Coletta bleibt ein unbekannter Mann und ist nicht mehr am Leben. Gott hab ihn selig!".
Aus: Afeltra Gaetano, *Nascita dei cannelloni ad Amalfi* (Entstehung der Cannelloni in Amalfi). Cava dei Tirreni (I), Avagliano, 1987.

KURZE HOHLE PASTA AUS HARTWEIZENGRIESS
Durchschnittliche Größe:
Länge 100,00 mm • Durchmesser 36,00 mm • Stärke 1,10 mm

EIER-LASAGNE / GRÜNE EIER-LASAGNE

GEEIGNET FÜR PASTAGERICHTE, AUFLÄUFE, REZEPTE MIT REICHHALTIGEN FLEISCHSAUCEN UND BÉCHAMELSAUCE, ABER AUCH ZU GEMÜSE.

Lasagne wird in allen Regionen Italiens verwendet.

Der Name stammt möglicherweise von dem Wort *lasànum* aus dem gesprochenen Lateinischen ab. Dieses ist wiederum dem griechischen *làsanon* entlehnt, das einen dreifüßigen Ständer für Kochtöpfe bezeichnet. Und *Lasànea* war wahrscheinlich das, was in dem Topf auf diesem Ständer zubereitet wurde. Es gab aber auch *lagana*, Pastastreifen, von denen schon der römische Schriftsteller und Redner Cicerone schwärmte. Zu jener Zeit wurden sie möglicherweise jedoch nicht gekocht, sondern frittiert. Heute wird der Name im Volksmund Apuliens noch gebraucht. Mit dem Begriff wurden im Verlauf der Zeit verschiedene Pastatypen bezeichnet, die auch unterschiedlich zubereitet wurden. Heute benennt man damit breite Pastastreifen, die für ofengebackene Aufläufe verwendet werden. In Venetien werden sie *bardele* oder *lasagnoni* genannt, in Ligurien *cappellasci* und in Apulien, wie bereits erwähnt, *lagana*. Darüber hinaus existiert auch eine industriell hergestellte Form mit gewelltem Rand.

Lasagne zählt zu den ältesten Pastatypen Italiens. Die Pastablätter oder -streifen haben je nach Region verschiedene Formen und Proportionen und wurden bereits in der römischen Antike, aber auch im Mittelalter und während der Renaissance verwendet. Salimbene da Parma beschreibt in seiner „Chronica Duecentesca" (Chronik des 13. Jahrhunderts) *die Zubereitung der* lagana *cum* caseo, *also einer Lasagne mit Parmigiano Reggiano. In einem* „Liber de coquina" *(Kochbuch) aus dem 14. Jahrhundert wird in lateinischer Sprache minutiös die Herstellung von Lasagne beschrieben, mit der auch die heutige Technik noch identisch ist. Im Verlauf der Jahrhunderte wandelten sich die lokalen Gebräuche hinsichtlich der Teigzusammensetzung (mitunter setzte man Zweikorn-, Roggen- oder Kastanienmehl, im 17. Jahrhundert auch Maismehl und andere Zutaten wie Safran, Mangold oder Spinat zu), aber auch der begleitenden Saucen. Man reicht sie mit Fleischragout oder Gemüse, mit Schichten aus lokalen Käsesorten oder Béchamelsauce - „Balsamella", wie sie Artusi gegen Ende des 19. Jahrhunderts nennt. Aufgrund der Reichhaltigkeit ihrer Zutaten gab es Lasagne in der Vergangenheit nur an Feiertagen, vor allem im Süden Italiens. Franz II von Bourbon, der letzte König von Neapel, trug aufgrund seiner besonderen Vorliebe für dieses Gericht in der Familie den von dem Wort Lasagne abgeleiteten Spitznamen „Lasa". Zu den berühmtesten Lasagne-Gerichten zählt zweifellos die Lasagne alla Bolognese, aufbauend auf der jahrhundertealten Lokaltradition in der Herstellung von Eierpasta.*

Der Journalist und Gastronom Paolo Monelli (1891-1984) beschrieb im Jahr 1935 die legendäre Lasagne alla Bolognese folgendermaßen:

„Ich habe heilige und ehrenwerte Bücher gelesen, ich habe in tausend Bänden Gewissheit und Trost gesucht, aber keine Buchseite der Welt ist so viel wert wie die grünen Lasagne-Blätter, die einem von den gewitzten Gastwirten in Bologna vorgesetzt werden. Blatt um Blatt ist es ein unermüdliches Ziehen von Käse, ein Liebäugeln mit Trüffeln, ein Gewimmel köstlicher Kleinode. Man blättert sich durch diese Seiten und verschlingt sie. Es ist wie ein kleines Dekameron, ein Handbuch der stoischen Philosophie, ein tröstendes Poem, das Lebenslust schenkt. Unsichtbare Klänge von Rossini, geschrieben auf diesen Seiten... ".

Aus: Monelli Paolo: *Il Ghiottone errante (Umherirrende Naschkatze).* Mailand (I), Treves, 1935, S. 90.

LANGE PASTA AUS HARTWEIZENGRIESS, MIT ODER OHNE EI, OHNE ZIEHEISEN AUS PASTABLÄTTERN HERGESTELLT

Durchschnittliche Größe:

Breite 90 mm • Länge 170 mm • Stärke 1,15 mm

EIER-FETTUCCINE / EIER-FETTUCCINE RICCE

IN DER GETROCKNETEN VERSION MIT FLEISCH-, GEMÜSE-, KÄSE- UND SAHNESAUCEN.

Vorherrschend in Süditalien und insbesondere im Latium, wo es viele spezielle Rezepte mit dieser Nudelsorte gibt.

Die Bezeichnung bedeutet kleine Bändchen. Oft werden *Fettuccine* mit *Tagliatelle*, *Taglierini* und *Tagliolini* verwechselt. Sie werden als *ricce* bezeichnet, wenn sie auf einer oder beiden Seiten gewellt sind. In diesem Fall nennt man sie in Anlehnung an die Krone der Königinnen auch *Reginette* oder *Mafaldine*, nach Mafalda von Savoyen (1902-1944).

Die Fettuccine wurden als rituelles Gericht in das Hochzeitsmenü aufgenommen und gelten in vielen Regionen in Mittel- und Süditalien als gutes Omen. In Umbrien serviert man sie als Maccheroni *mit Honig und Nüssen am Heiligen Abend. In Orvieto wurden sie mit Gänseragout den Bauern beim Dreschen gereicht. In den Abruzzen dagegen fanden sie mit einer Mischung aus gebratenem, in Essig eingelegtem und kleingehacktem Gemüse Verbreitung, und in Sardinien waren besondere* Fettuccine, *die* Busaki, *das charakteristische Osteressen.*

Paolo Monelli beschreibt Alfredo, „König der Fettuccine" der in Rom die majestätischen *Fettuccine mit doppelter Butter* zubereitet: *„Es erscheint der Wirt, Schnurrbart, einen Bauch wie ein Dompteur, mit goldenem Besteck in der Hand und nähert sich dem Teller Fettuccine. ... Der Wirt fühlt alle Augen auf sich gerichtet. Er hebt Gabel und Löffel zum Himmel, wie um sich diesen geneigt zu machen, dann versenkt er sie in der Pasta, dreht sie mit einer schnellen, präzisen Bewegung, den Kopf geneigt, den Atem angehalten, den kleinen Finger erhoben. Rundum bleiernes Schweigen. Bis die Musik mit heiterer Lebhaftigkeit wieder einsetzt, verteilt der Wirt die Portionen, dann legt er das goldene Besteck wieder an seinen Platz und verschwindet".*
Aus: Monelli Paolo, *Il Ghiottone errante (Umherirrende Naschkatze)*. Mailand (I), Treves, 1935, S. 128-130.

LANGE EIER-BANDNUDEL AUS HARTWEIZENGRIESS
Durchschnittliche Größe:
Breite 7,00 mm • Stärke 0,90 mm

EIER-GARGANELLI

IN DER GETROCKNETEN VARIANTE, MIT FLEISCHRAGOUT, TOMATEN- UND GEMÜSESAUCE, MIT SAHNE ODER MIT BUTTER UND KÄSE.

Emilia-Romagna, aber auch Marken und Umbrien. Typische Spezialität von Lugo di Romagna.

Die *Garganelli*, die ursprünglich aus der Romagna stammen, sind unter diesem Namen bekannt, weil sie am Ende ihrer Herstellung der Speiseröhre des Huhns ähneln, die im Dialekt der Romagna *garganél* genannt wird. Zu ihrer Herstellung wird ein Werkzeug verwendet, dass *pettine (Kamm)* genannt wird und aus zwei parallelen Latten besteht, die durch Schilfrohrstreifen zusammengehalten werden (ähnlich einem Teil des Webrahmens, der einst zum Weben von Tuch verwendet wurde). Das kleine Pastaquadrat wird schräg auf den Kamm gelegt und mit Hilfe eines Stäbchens aufgewickelt, so dass ein Röhrchen mit spitzen Enden entsteht. Der äußere Teil, der auf dem Kamm aufliegt, erweist sich so als gerillt.

In Romagna war es einst Tradition, die Garganelli *in Kapaunbrühe zu servieren und der Teig wurde mit Muskatnuss und geriebenem Käse verfeinert. Die Legende will, dass die Entstehung dieser charakteristischen Sorte auf eine Katze zurückgeht! Da diese die Fleischfüllung für die Tortellini verschlungen und die Hausfrau bereits die Pastaquadrate vorbereitet hatte, hätte diese, um die Gäste nicht mit leerem Magen nach Hause zu schicken, die Idee gehabt, die Quadrate um ein Stäbchen zu wickeln und über den Webkamm zu ziehen und so mit Erfindungsgeist und Intelligenz das Essen gerettet. Eine dieser nicht unähnliche Technik wird in den nahe gelegenen Marken, in Sassoferrato, zur Herstellung der* Maccheroni con le battecche *eingesetzt, die aus einem langen, spiralförmig um einen Weidenstab gewickeltem Pastastreifen besteht, der für die Rillen über den Kamm gezogen wird.*

EIERNUDELN AUS HARTWEIZENGRIESS AUS GESCHNITTENEM UND AUFGEROLLTEM TEIGBLATT, OHNE DEN EINSATZ VON ZIEHEISEN HERGESTELLT
Durchschnittliche Größe:
Länge 36,00 mm • Stärke 0,90 mm

EIER-GRATTINI

SIE WIRD UNIVERSELL IN FLEISCHBRÜHE SERVIERT. IN DER BASILIKATA WIRD SIE AUCH FÜR EINE BOHNENSUPPE VERWENDET.

Alle Regionen Italiens.

Der Begriff stammt vom Verb „grattare", kratzen, ab und bezeichnet eine Pasta, die erzielt wird, indem der Teig über die Reibe gezogen wird. Sie hat zahlreiche Namen: *Pasta grattada* im Friaul, *Pasta rasa* in der Lombardei und in der Emilia, wo sie auch *Grattini* oder *Gratèin* genannt wird, *Grandinina* in der Toskana wegen der Ähnlichkeit mit Hagelkörnern, *Mollichelle* in Umbrien, *Granitte*, vom Verb *granire*, d. h., mahlen, in den Abruzzen und in Molise, *mblband*, in die italienische Sprache übertragen *bilbanti*, also Späne, in der Basilikata.

Diese Sorte ähnelt vielleicht am meisten dem arabischen Couscous, das in den an den afrikanischen Kontinent angrenzenden Inselregionen weite Verbreitung fand. Aus Nordafrika und dem Mittleren Orients gelangten die typischen Gerichte auf Grießbasis nach Italien. Diese einfachere Art, die Konsistenz des maghrebinischen Gerichts zu erzielen, begünstigte die Verbreitung der „geriebenen Pasta", die in Suppen verwendet wurde, die als Einleitung wichtiger Essen oder von Hochzeiten als stärkend galten, auf dem gesamten Landesgebiet. Diese Suppe wurde auch den Wöchnerinnen als Stärkungsmittel nach den Mühen der Geburt verabreicht.

Unter den Papieren des Historikers Ludovico Antonio Muratori (1672-1750) befindet sich auch eine Sammlung der *Carmina* in lateinischer Sprache, darunter auch dieser Text: *„Die Köche lachen, solange das Mehl reichlich Speisen hervorbringt und die Tafel selbst verblüfft hier mit der Lasagne, dort durch die Tagliatelle und die lange Pasta und bewundert dann die Gnocchetti und die geriebene Pasta. Und wie viele Gerichte mit Vermicelli es gibt! Mal sind sie groß, mal werden sie ganz fein".* Aus: Sada Luigi, *Spaghetti e Compagni (Spaghetti und Kompagnon)*. Herausgaben des Centro Librario, Bibliothek »*La Taberna*«. Bari (I), 1982, S. 45-46.

GERIEBENE EIERNUDELN AUS HARTWEIZENGRIESS, OHNE DEN EINSATZ VON ZIEHEISEN HERGESTELLT
Durchschnittliche Größe:
Durchmesser ca. 2,50-3,00 mm

MALTAGLIATI

MALTAGLIATI WERDEN GERN ALS SUPPENNUDELN VERWENDET. IN VENETIEN SERVIERT MAN SIE MIT BOHNEN, IN EMILIA MIT AUSGELASSENEM SPECK UND IN DEN MARKEN MIT ENTENSAUCE. IDEAL SIND SIE AUCH FÜR DICKE SUPPEN.

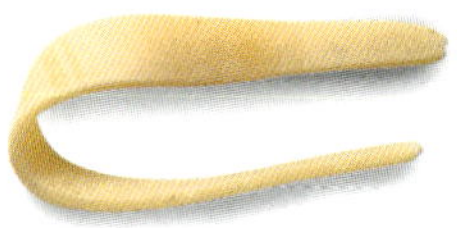

Ganz Italien, doch traditionell vor allem in der Lombardei, in Venetien, Emilia-Romagna, den Marken und Apulien.

Der Name weist unmissverständlich auf die Zubereitungsart hin: Dabei wird ein Teigblatt zusammengerollt und diagonal mit dem Messer aufgeschnitten, um unregelmäßige Pastarollen zu erhalten. Sie werden auch *Malmaritati* genannt. Diese Nudeln sind in allen Dialekten Italiens unter unterschiedlichen Begriffen bekannt.

Unregelmäßige, in kleine oder mittelgroße Rauten und Röllchen geschnittene Pasta. In der hausgemachten Version wurden sie aus den Resten des Teigblatts zugeschnitten, aus dem zuvor die Tagliatelle vorbereitet worden waren. Sie konnten so groß sein, dass sie sich den Spitznamen »Spruzzamusi« (Nasenspritzer) verdienten. Denn wenn sie in Brühe serviert und gierig verschlungen wurden, lief man Gefahr, Spritzer ins Gesicht zu bekommen. Maltagliati werden je nach regionaler Tradition in einfachen oder gehaltvollen Zubereitungen gereicht, vorrangig im Norden. Man schätzt sie aber auch in Apulien, wo sie mit Kichererbsen gegessen werden. Häufiger werden sie in Suppen aus Hülsenfrüchten, Gemüse oder einfacher Fleischbrühe gekocht, doch serviert man sie auch mit Saucen aus Fleisch oder Wurst.

EIERNUDELN AUS HARTWEIZENGRIESS, ZUM TEIGBLATT GEFORMT UND OHNE DEN EINSATZ VON ZIEHEISEN GESCHNITTEN
Durchschnittliche Größe:
Länge 32,00 mm • Stärke 1,15 mm

EIER-PAGLIA E FIENO / EIER-TAGLIATELLE / EIER-TAGLIOLINI

IN DER GETROCKNETEN VERSION MIT FLEISCH-, GEMÜSE-, KÄSE- UND SAHNESAUCEN. DIE FEINSTEN SORTEN IN SUPPEN. PAGLIA E FIENO PASST GUT ZU SAUCEN MIT BUTTER, KÄSE UND SAHNE.

Alle Regionen Italiens.

Die Tagliatelle, deren Namen sich vom Verb *tagliare* (schneiden) ableitet, gehören zu den typischsten Beispielen der italienischen Pasta und sind Abkömmlinge der *Lasagne*, die ursprünglich durch das gleichmäßige und parallele Durchschneiden des aufgerollten Teigblatts mit einem Messer mit ungezahnter Klinge hergestellt wurden. Sie teilen ihre Verbwurzel mit den *Taglierini* und den *Tagliolini*, die etwas kleiner sind. In der Lombardei werden sie auch *Bardele* und im Latium *Fettuccine* genannt. Die feinste Sorte, ebenfalls aus dem Latium, trägt aufgrund der traditionellen Verwendung in Brühe den merkwürdigen Namen *sciacquabaffi* (Schnurrbartspüler). In der industriellen Herstellung werden diese Nudeln in Nestern oder Knäueln verpackt. Als *Paglia e Fieno* bezeichnet man jene Tagliatelle, die zum Teil aus ungefärbtem (Paglia, sprich Stroh) und zum Teil aus mit Spinat gefärbtem Eierteig – die grüne Farbe des Heus – hergestellt und zusammen gekocht werden.

Diese Gruppe umfasst Eiernudeln, deren Rezepte von im Ofen überbackenen Aufläufen bis zu Suppen reichen. In jedem Fall eine gehaltvolle Pasta, die oft bei festlichen Gelegenheiten aufgetischt wird. Oft ist sie der Stolz der Hausfrauen, die von Kindesbeinen an die Kunst des »Ziehens« des Teigblatts von Hand mit langen Stäben und dessen Zuschneiden mit einem einfachen Messer gelernt haben. Der aus Bologna stammende Augusto Majani, der unter dem Pseudonym »Nasica« ein bekannter Zeichner und Schriftsteller war, erfand eine fiktive Denkschrift zur Entstehung der Tagliatelle. Danach sei diese von einem gewissen Mastro Zefirino geschaffen worden, einem berühmten Koch des Mittelalters. Dabei habe er sich von den blonden Haaren der Lucrezia Borgia inspirieren lassen, die nach Bologna gekommen sei, um Alfonso II. d'Este zu heiraten. Diese hübsche Geschichte, erfunden in der literarischen Auseinandersetzung mit dem Kopf der futuristischen Bewegung, dem Faschisten Filippo Tommaso Marinetti (1876-1944), einem erbitterten Feind der getrockneten Pasta, wurde von vielen geglaubt, weil sie durchaus plausibel war. Doch auch wenn diese Pastasorte wohl aus Bologna stammt, finden wir sie auf der gesamten italienischen Halbinsel mit unterschiedlichen Namen und Teigstärken und typischen regionalen Zutaten wie Maismehl, Borretsch oder Spinat, unterschiedlichen Gewürzen, Safran, Kastanienmehl, etc.. Ebenso vielfältig sind die Saucen: Dabei reichen sie von der einfachen Butter mit Parmigiano bis zum Ragout aus unterschiedlichen Fleischsorten, von den Gemüse- oder Pilzsaucen zum Trüffel, von den Nusssaucen zu gehaltvollen Mehlsaucen und den delikatesten Brühen.

Tagliatelle nach dem Wörterbuch

Giacinto Carena, beschreibt in seinem *Vocabolario domestico (Haushaltswörterbuch)*, das 1859 in Neapel veröffentlicht wurde, die Zubereitung der Tagliatelle so:

„Mit sehr wenig nicht zu kaltem Wasser gemischtes Mehl, manchmal mit Ei, wird der Teig auf einem Schneidbrett oder dem umgekehrten Deckel des Backtrogs zubereitet. Die geschüttelte, geknetete und mit Mehl bestäubte Pampe wird ausgebreitet und mit dem Nudelholz oder Backbrett dünner gemacht, bis ein breites Teigblatt entsteht. Dieses wird dann aufgewickelt und mit einem Messer quer in Bänder oder Streifen geschnitten."

Aus: Carena Giacinto, *Vocabolario domestico (Haushaltswörterbuch)*. Neapel (I), 1859.

LANGE EIERNUDELN AUS HARTWEIZENGRIESS, AUSGEROLLT UND OHNE DEN EINSATZ VON ZIEHEISEN GESCHNITTEN

Durchschnittliche Größe Tagliatelle:
Bandbreite mm 4,85 • Durchmesser Nest mm 55,00 • Stärke mm 0,90

Durchschnittliche Größe Tagliolini:
Bandbreite mm 1,00 • Durchmesser Nest mm 55,00 • Stärke mm 0,90

Durchschnittliche Größe Paglia e Fieno:
Bandbreite mm 4,85 • Durchmesser Nest mm 55,00 • Stärke mm 0,90

EIER-PAPPARDELLE

GETROCKNET KOMBINIERT MAN PAPPARDELLE AM BESTEN MIT GEHALTVOLLEN FLEISCH- UND WILDSAUCEN.

Nord- und Mittelitalien mit besonderer Verbreitung in der Emilia-Romagna, den Marken, Umbrien, der Toskana und den Abruzzen. Heute die industrielle Herstellung in allen Regionen Italiens verbreitet.

Der Begriff stammt von den italienischen Wörtern *pappa, pappare*, die das gierige Verschlingen eines Breis bezeichnen und bezieht sich auf die Babysprache zur Bezeichnung von Essen im Allgemeinen.

*Der Name stammt von dem Verb »*pappare*«, ein mundartlicher Ausdruck aus der Toskana, jener Region, in der diese breiten Tagliatelle sehr verbreitet sind. Begleitet werden sie bevorzugt von zahlreichen Saucen mit Wild, wie sie für diese Regionalküche typisch sind. Auch in den nahegelegenen Gebieten wie der Romagna oder den Marken sowie der Landschaft Montefeltro und in Regionen wie Umbrien oder dem Latium werden die klassischen Saucen, die diese Pasta begleiten, oft mit dem Fleisch in der Küche eher selten verwendeter Tiere zubereitet wie Hasen, Wachteln, Wildschwein, aber auch Haustaube oder Ente.*

Der Dichter Alessandro Tassoni (1565-1635) aus Modena erinnert in Reimform in dem Gedicht *Secchia rapita (Der geraubte Kübel)* an die Gefallenen eines 1325 ausgefochtenen Kriegs:

„... den elenden Baccarin aus San Secondo
der von den Pappardelle der Erfinder war,
ließ ich tot mit den anderen Unachtsamen
unter Rubbiera jene Gemüsegärten düngen.“

Aus: Tassoni Alessandro, *La secchia rapita (Der geraubte Kübel.* Paris (F), 1622, Gesang IV, 30-35.

PASTA AUS HARTWEIZENGRIESS AUS EINEM TEIGBLATT ZUM NEST GEWICKELT, NICHT UNTER VERWENDUNG VON ZIEHEISEN HERGESTELLT
Durchschnittliche Größe:
Breite 18,00 mm • Stärke 0,90 mm

TORTELLINI MIT ROHEM SCHINKEN TORTELLONI MIT RICOTTA UND SPINAT

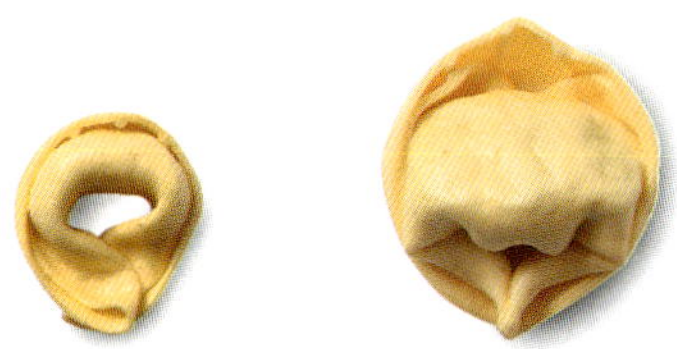

IN FLEISCHBRÜHE ODER MIT FLEISCH- ODER KÄSE-SAHNE-SAUCEN.

Emilia-Romagna, insbesondere Bologna und Modena.
Durch die industrielle Herstellung in allen Regionen Italiens verbreitet.

Kleine oder große Tortelli, Diminutiv oder Augmentativ des italienischen Worts *torta (Kuchen)*, der verwendet wird, um eine Art runde Süßspeise zu bezeichnen. Der Begriff, der dem Konditorhandwerk entliehen ist und dann seine Bedeutung geändert hat, lässt auch eine Füllung vermuten.

Gefüllte Gefüllte Pastasorte, typisch für die emilianische Gastronomie und besonders auf die Städte Modena und Bologna bezogen. Die gefüllten Pastasorten, die oft aus den aufwendigen und gehaltvollen Rezepten der Köche des Hofs hervorgingen und ebenso oft in unendlichen Varianten in den Küchen und Traditionen der Familien entstanden, sind auf dem gesamten Gebiet der Emilia-Romagna verbreitet; Tortellini, Tortelletti, Tortelloni, Anolini, Cappelletti *bezeichnen oft sowohl in der Form als auch in der „Substanz“ der Füllungen vollkommen unterschiedliche Produkte. Es wurde so viel über die Urheberschaft und die Bedingungen der Zubereitung dieses schmackhaften Produkts diskutiert, dass, um die Streitigkeiten zwischen den Städten und den Gastronomen beizulegen, eine notarielle Urkunde für die „gastronomische Disziplin“ mit der Liste der Zutaten und Bedingungen für die Zubereitung der „echten Tortellini“ verfasst wurde. Der Tradition nach werden diese gefüllten Pastasorten fast ausschließlich in verschiedenen Fleischbrühen zubereitet. Dies schließt einige besonders gehaltvolle Zubereitungen nicht aus, bei denen die Tortellini in der getrockneten Variante verwendet und mit Sahnesaucen gereicht oder in Aufläufen aus Mürbeteig mit besonderen Fleischsorten kombiniert werden.*

GEFÜLLTE PASTA AUS HARTWEIZENGRIESS
Durchschnittliche Größe Tortelli:
Länge 21,00 mm • Stärke 0,90 mm
Durchschnittliche Größe Tortelloni:
Länge 45,00 mm • Stärke 1,15 mm

SPAGHETTI ALLA CHITARRA

MIT FLEISCH- UND GEMÜSESAUCEN UND LAMMRAGOUT.

Abruzzen und Molise. Heute in sämtlichen Regionen Italiens.

Diese Pasta wird mit einem speziellen Werkzeug zugeschnitten, das *Chitarra (Gitarre)* genannt wird und aus einem Holzrahmen besteht, auf den parallel zueinander zahlreiche Stahldrähte gespannt sind. Die Pasta, die nicht zu dünn ausgezogen wird (sie muss die Stärke haben, die dem Abstand zwischen den Drähten entspricht), wird auf die Drähte gelegt und dann durchtrennt, indem von oben ein spezielles kurzes Nudelholz darauf gedrückt wird. Unter der *Chitarra* erhält man die Spaghetti mit quadratischem Querschnitt. Das Werkzeug trägt den Namen *Chitarra* wegen der zahlreichen gespannten Drähte, die an das Musikinstrument erinnern.

Lange Pasta mit quadratischem Querschnitt, deren Teig auch Eier enthält, typisch für die Abruzzen und Molise, wo sie mit dem handwerklichen Gerät hergestellt wird, das "Gitarre" genannt wird. Der Abstand zwischen den Drähten variiert je nach gewünschtem Pastatyp: Mit enger beieinander liegenden Drähten werden die Spaghetti tutt'ova *hergestellt, dünn wie die* Capelli d'angelo; *die* Spaghetti mezz'ovo *mit größerem Querschnitt werden mit Drähten in größerem Abstand erzielt. Der Bau der* Chitarra *für Pasta war einst eine Tätigkeit, die ausschließlich von den Handwerkern von Secinaro und Pretoro ausgeübt wurde, zwei kleinen Zentren in den heutigen Provinzen L'Aquila und Chieti. Die Spaghetti alla Chitarra, die auch* Tonarelli *genannt werden, sind eng mit der Gastronomie der Abruzzen und von Molise verbunden und werden sowohl frisch als auch getrocknet verkauft.*

„*Die genuesische Pasta* Fidelli *und die italienische Sorte* Fidelini *finden ihre Entsprechung in der sardischen* Findeos, *katalanisch* Fideus, *kastillianisch* Fideos, *wobei Letztere außer in Spanien auf dem südamerikanischen Kontinent weit verbreitet ist, sowie in der modernen* Fides. *Es handelt sich um einen Begriff, der sich an den Ufern des Mittelmeers vielleicht im Anschluss an den Einsatz des gemeinsamen Geräts verbreitet hat, das sich dafür eignet, lange Pastasorten herzustellen. Und daher soll es von dem lateinischen Wort* Fides *oder Saite stammen, das auch verwendet wird, um - als Teil für das Ganze - die Gesamtheit der Saiten der Leier oder Zither zu bezeichnen. Das Gerät, auf das, wenn es auf dem Tisch positioniert ist, das Teigblatt gelegt wird und das dazu diente, durch Rollen des Nudelholzes darauf, das Teigblatt in quadratische Spaghetti zu schneiden. Genauso wird noch heute mit der abruzzesischen Gitarre verfahren*".
Aus: Agnesi Vincenzo, *Alcune notizie sugli spaghetti (Wissenswertes zu den Spaghetti)*, Imperia (I), p.m., 1975, S. 91.

LANGE EIERNUDELN AUS HARTWEIZENGRIESS
Durchschnittliche Größe:
Länge 255,00 mm • Stärke 1,70 mm

EIER-CANNELLONI MIT SPARGEL UND KLIPPFISCH

ZUBEREITUNGSZEIT: 45 Minuten
KOCHZEIT: 20 Minuten
SCHWIERIGKEITSGRAD: MITTEL

ZUTATEN FÜR VIER PERSONEN

12 Eier-Cannelloni von Barilla

Für die Sauce
400 g Spargel
250 g eingeweichter Klippfisch
30 g Schalotte
30 g geriebener Parmigiano Reggiano
40 g natives Olivenöl
50 ml Gemüsebrühe
1 Knoblauchzehe
Salz und Pfeffer

Für die Béchamelsauce
500 ml Milch
25 g Butter
20 g Mehl
Salz

Für die Béchamelsauce die Milch und die Butter erhitzen, die Butter separat in Kasserolle. Wenn die Butter geschmolzen ist, das Mehl hinzufügen und die Mischung 3-4 Minuten bei schwacher Hitze kochen lassen und dabei mit einem Schneebesen umrühren. Danach die kochende Milch dazugießen, mit Salz abschmecken und unter ständigem Rühren, damit sich keine Klumpen bilden, weiterkochen, bis eine dicke und cremige Sauce entsteht. Sollte die Béchamelsauce sich als zu dick erweisen, etwas Milch hinzufügen, ist das Gegenteil der Fall, ein paar Minuten länger kochen lassen.

In einer Pfanne die gehackte Schalotte und die ganze Knoblauchzehe in Öl andünsten, dann den geputzten, gewaschenen und in dünne Scheiben geschnittenen Spargel dazugeben. Alles zusammen anbraten und dann den in Stücke geschnittenen Klippfisch hinzufügen und mit Salz und Pfeffer abschmecken. Mit ca. einem Schöpflöffel Brühe begießen und aufkochen lassen. Die Sauce ca. 10 Minuten lang kochen lassen. Etwas abkühlen lassen, dann verquirlen und den Parmigiano Reggiano hinzufügen.
Die mit der zuvor zubereiteten Mischung gefüllten Eier-Cannelloni in eine gebutterte feuerfeste Form geben. Die feuerfeste Form ca. 10 Minuten zugedeckt in den auf 180 °C vorgeheizten Ofen geben und dann weitere 10 Minuten ohne Abdeckung. Die Cannelloni vor dem Servieren 5 Minuten ruhen lassen.

GRATINIERTE EIER-CANNELLONI

ZUBEREITUNGSZEIT: 45 Minuten
KOCHZEIT: 20 Minuten
SCHWIERIGKEITSGRAD: MITTEL

ZUTATEN FÜR VIER PERSONEN

12 Eier-Cannelloni von Barilla
250 g Rindfleisch
200 g gekochter Spinat
80 g Butter
60 ml trockener Weißwein
40 ml natives Olivenöl
40 g Zwiebel
30 g Karotte
20 g Staudensellerie
120 g geriebener Parmigiano Reggiano
1 Ei
Muskatnuss
Salz und Pfeffer

Für die Béchamelsauce
500 ml Milch
25 g Butter
20 g Mehl
Muskatnuss
Salz

Das Gemüse hacken und in einer Pfanne in Öl andünsten, dann das in Stücke geschnittene Rindfleisch dazugeben. Wenn alles gut angebraten ist, mit dem Weißwein ablöschen und bei starker Hitze vollkommen verdampfen lassen. Nun den vorgekochten Spinat hinzufügen, mit einer Prise Salz und Pfeffer abschmecken und dann bei mittlerer Hitze weitere 15-20 Minuten garen.

Bis auf Raumtemperatur abkühlen lassen und im Mixer zerkleinern, dann das Ei, die Hälfte des geriebenen Parmigiano Reggiano und etwas Muskatnuss untermischen.

Für die Béchamelsauce Milch und Butter getrennt erhitzen, die Butter in einer Pfanne mit hohem Boden. Wenn die Butter geschmolzen ist, das Mehl hinzufügen und die Mischung 3-4 Minuten bei niedriger Flamme weiter kochen und dabei mit einem Schneebesen umrühren. Danach die kochende Milch dazugießen, mit Salz und etwas geriebener Muskatnuss abschmecken und unter ständigem Rühren, damit sich keine Klumpen bilden, weiter kochen, bis eine dicke und cremige Sauce entsteht.

Mit einem Spritzbeutel die Cannelloni mit der Mischung füllen. Eine Ofenform buttern und die so erhaltenen Cannelloni ohne Zwischenräume dicht nebeneinander anordnen. Mit einer gleichmäßigen Schicht Béchamelsauce bedecken und den restlichen Parmigiano Reggiano und einige Butterflocken darüberstreuen.

Die Auflaufform ca. 15-20 Minuten in den auf 190 °C vorgeheizten Ofen geben. Wenn die Cannelloni goldbraun gratiniert sind, aus dem Ofen nehmen, einige Minuten ruhen lassen und dann servieren.

EIER-FETTUCCINE NACH JÄGERART

ZUBEREITUNGSZEIT: 30 Minuten
KOCHZEIT: 6 Minuten
SCHWIERIGKEITSGRAD: MITTEL

ZUTATEN FÜR VIER PERSONEN

250 g Eier-Fettuccine von Barilla
1/2 entbeintes Kaninchen
400 g geschälte Tomaten
60 g durchwachsener Speck
75 g in Scheiben geschnittene Zwiebel
50 ml Marsala
30 ml natives Olivenöl
40 g geriebener Parmigiano Reggiano
1 Knoblauchzehe
ein Zweig Rosmarin
einige Zweige Salbei
Salz und Pfeffer

In einer Pfanne das Öl mit dem gehackten durchwachsenen Speck erhitzen, die Zwiebel, den geschälten ganzen Knoblauch, den zerpflückten Salbei und den abgezupften Rosmarin hinzugeben und zusammen andünsten. Dann das in nicht zu kleine Würfel geschnittene Kaninchen hinzufügen. Einige Minuten lang anbraten und dann mit dem Marsala ablöschen.

Die Flüssigkeit verdunsten lassen und dann auch die passierten Schältomaten hinzufügen. Mit Salz und Pfeffer abschmecken und bei niedriger Hitze ca. 20 Minuten köcheln lassen. Sollte die Sauce zu dick werden, mit ein paar Esslöffeln warmem Wasser verdünnen. Den Knoblauch am Ende der Garzeit herausnehmen.

Die Eier-Fettuccine in kochendem Salzwasser garen, dann abgießen, mit der Kaninchensauce vermischen und mit Parmigiano Reggiano bestreut servieren.

ALTERNATIVE SORTEN

Da diese Sauce gut zu langen Eiernudeln passt, werden als Alternative Tagliatelle oder Pappardelle vorgeschlagen.

EIER-FETTUCCINE MIT BUTTER UND PARMIGIANO REGGIANO

ZUBEREITUNGSZEIT/KOCHZEIT: 6 Minuten
SCHWIERIGKEITSGRAD: LEICHT

ZUTATEN FÜR VIER PERSONEN

250 g Eier-Fettuccine von Barilla
180 g Butter
80 g geriebener Parmigiano Reggiano
Salz und Pfeffer aus der Mühle

Die Eier-Fettuccine in reichlich kochendem Salzwasser bissfest kochen.

In der Zwischenzeit die Butter in einer Kasserolle bei schwacher Hitze zerlassen.

Die Fettuccine am Ende der Kochzeit abgießen, mit der flüssigen Butter und dem geriebenen Parmigiano Reggiano vermischen, nach Geschmack mit Salz und Pfeffer abschmecken und sofort servieren.

ALTERNATIVE SORTEN
Um dieses einfache, doch köstliche Rezept zuzubereiten, können Sie auch zwei andere lange Eiernudelsorten wählen: Taglierini und Tagliatelle.

EIER-FETTUCCINE RICCE MIT STEINPILZEN

ZUBEREITUNGSZEIT: 20 Minuten
KOCHZEIT: 5 Minuten
SCHWIERIGKEITSGRAD: LEICHT

ZUTATEN FÜR VIER PERSONEN

250 g Eier-Fettuccine Ricce von Barilla
400 g Steinpilze
1 Knoblauchzehe
30 ml natives Olivenöl
20 g gehackte Petersilie
20 ml trockener Weißwein
Salz und Pfeffer

Die Steinpilze putzen und in Scheiben schneiden. Den Knoblauch schälen und fein hacken.
In einer Pfanne das Olivenöl erhitzen und den Knoblauch mit der Petersilie darin kurz anschwitzen.

Die Pilze hinzufügen und etwa 5 Minuten braten. Sie sollen nicht zu weich werden. Alles mit dem trockenen Weißwein ablöschen und mit Salz und Pfeffer abschmecken.

Die Fettuccine Ricce in kochendem Salzwasser bissfest kochen, abgießen und zu den Pilzen geben. Das Ganze gut vermischen, bei schwacher Hitze erwärmen und servieren.

ALTERNATIVE SORTEN
Für dieses Rezept eignen sich lange Pastasorten und Eiernudeln perfekt wie Tagliatelle oder Pappardelle.

EIER-FETTUCCINE RICCE MIT KOHLRAGOUT

ZUBEREITUNGSZEIT: 45 Minuten
KOCHZEIT: 5 Minuten
SCHWIERIGKEITSGRAD: LEICHT

ZUTATEN FÜR VIER PERSONEN

250 g Eier-Fettuccine Ricce von Barilla
50 ml natives Olivenöl
50 g Porree
100 g Spitz- oder Weißkohl
100 g Rotkohl
6 Stücke Rosenkohl
100 g Grünkohlröschen
100 g Brokkoliröschen
40 g Mandeln
Salz
50 ml natives Olivenöl
6 Lorbeerblätter
100 ml Weißwein
40 g geriebener Parmigiano Reggiano
Salz und Pfeffer

ALTERNATIVE SORTEN

Für diese Kohlsauce sind auch andere lange Eiernudelsorten ideal wie Pappardelle, Tagliatelle Larghe und Fettuccine.

Das Gemüse putzen und waschen. Den Porree, die Kohlsorten und die Hälfte des Rosenkohls in Streifen schneiden. Die Mandeln grob hacken. Reichlich Salzwasser zum Kochen bringen und darin nacheinander den Rosenkohl und die Brokkoli- und Blumenkohlröschen einige Minuten blanchieren, so dass sie knackig bleiben.

In einer Pfanne mit hohem Rand das Öl erhitzen und darin den Porree mit dem Lorbeer einige Minuten schmoren. Den in Streifen geschnittenen Kohl dazugeben, salzen und pfeffern und kurz dünsten. Mit dem Wein ablöschen und kochen, bis die Flüssigkeit fast völlig verdunstet ist. Die ganzen Röschen und etwas Wasser hinzufügen, einige Minuten lang bei schwacher Hitze weitergaren und mit Salz und Pfeffer abschmecken. Inzwischen die Eier-Fettuccine in kochendem Salzwasser bissfest kochen.

Die Pasta auf vorgewärmten Tellern mit dem Kohlragout anrichten, mit dem geriebenen Parmigiano Reggiano bestreuen und mit den zerkleinerten Mandeln bestreuen.

GARGANELLI MIT KÜRBIS, DURCHWACHSENEM SPECK UND BALSAMESSIG AUS MODENA

ZUBEREITUNGSZEIT: 40 Minuten
KOCHZEIT: 6 Minuten
SCHWIERIGKEITSGRAD: LEICHT

ZUTATEN FÜR VIER PERSONEN

250 g Garganelli von Barilla
300 g Kürbis
1 gelbe Zwiebel
Salz und Pfeffer aus der Mühle
1 Bund Petersilie
1 Zweig Rosmarin
1 Knoblauchzehe
30 ml natives Olivenöl
200 g geräucherter durchwachsener Speck (in 3 mm dicken Scheiben)
Balsamessig aus Modena

ALTERNATIVE SORTEN

Diese Sauce kann auch mit Pastasorten ohne Ei kombiniert werden wie Penne (Lisce oder Rigate), Mezze Maniche Rigate und Pipe Rigate.

Den Kürbis putzen, dabei von allen Schalen, Kernen und Fasern befreien. Das Kürbisfleisch in ca. 1 cm große Würfel schneiden. Die Zwiebel schälen und fein würfeln. Die Kürbisabfälle mit der Zwiebel und einer Prise Salz in einen Topf geben, etwa 750 ml Wasser angießen und das Gemüse gar kochen. Alles mit dem Pürierstab zu einer Creme verarbeiten, salzen und pfeffern und warm stellen.

Den durchwachsenen Speck in Streifen schneiden. Den abgezupften Rosmarin, die Petersilienblätter und den Knoblauch fein hacken. 15 ml Öl in einer Pfanne erhitzen, die Kürbiswürfel darin anbraten, salzen und Pfeffern. Den Kürbis warm stellen und in derselben Pfanne den durchwachsenen Speck anbraten. Wenn der Fettrand beginnt, goldbraun zu werden, den Knoblauch, den Rosmarin und die Hälfte der Petersilie hinzufügen. Alles zwei Minuten weitergaren und dann die Kürbiscreme und die angebratenen Kürbiswürfel dazugeben.

Die Garganelli in kochendem Salzwasser bissfest kochen, abgießen und mit der Kürbissauce mischen. Die Pasta auf vorgewärmten Tellern anrichten, mit der restlichen Petersilie bestreuen und mit einigen Tropfen Balsamessig aus Modena beträufeln.

I love Pasta

EIER-GRATTINI MIT FISCHSAUCE

ZUBEREITUNGSZEIT: 45 Minuten
KOCHZEIT: 9 Minuten
SCHWIERIGKEITSGRAD: HOCH

ZUTATEN FÜR VIER PERSONEN

200 g Eier-Grattini von Barilla
100 g Miesmuscheln
100 g Venusmuscheln
100 ml natives Olivenöl
20 g gehackte Petersilie
1 Knoblauchzehe
200 g Moschuskraken, küchenfertig
200 g kleine Sepien, küchenfertig
400 g Roter Knurrhahn, küchenfertig
120 g Streifenbarben, küchenfertig
50 g Tintenfischringe
50 g Zwiebel
400 g Schältomaten aus der Dose
Salz
500 ml Gemüsebrühe
etwas Pfeffer oder Peperoncino
8 Scheiben Bauernbrot (nach Belieben)

Die Venusmuscheln einige Stunden in Wasser legen, um sie vom Sand zu befreien, die Miesmuscheln unter fließendem Wasser gut abbürsten und entbarten. In der Pfanne mit Deckel 30 ml Olivenöl zusammen mit der Knoblauchzehe und etwas Petersilie erhitzen, die Muscheln dazugeben und bei mittlerer Hitze zugedeckt garen, bis sie sich geöffnet haben. Ungeöffnete Muscheln wegwerfen. Die Muscheln abgießen, den Kochsud auffangen und durch einen Kaffeefilter filtrieren. Das Muschelfleisch auslösen und in den Sud geben.
Die Tintenfische in mundgerechte Stücke schneiden. Den Fisch filetieren, die Haut entfernen und das Fleisch in 2-3 Zentimeter große Rauten schneiden. Die Tintenfischringe abspülen.
Die Zwiebel schälen und fein hacken. In einer Kasserolle mit Deckel das restliche Olivenöl erhitzen und die Zwiebel bei schwacher Hitze darin anschwitzen, die Schältomaten dazugeben, etwa 5 Minuten kochen lassen und dann den Fisch und die Tintenfische dazugeben. Das Ganze salzen und 15-20 Minuten weiterkochen. Gegen Ende der Kochzeit die Mies- und Venusmuscheln und ihren Sud hinzufügen.
Wenn der Fisch fertig ist, diesen durch den Wolf drehen und zusammen mit den Eier-Grattini und der Brühe in die Suppe geben und die Pasta darin bissfest kochen. Die Fischsuppe mit der restlichen Petersilie bestreuen und mit reichlich schwarzem Pfeffer übermahlen. Nach Belieben mit geröstetem Bauernbrot servieren.

ALTERNATIVE SORTEN

Mit der Fischsauce sind auch andere Suppennudelsorten hervorragend: Risoni, Tempestine und Eier-Risi.

EIER-LASAGNE MIT ROTEM RADICCHIO UND MASCARPONE

ZUBEREITUNGSZEIT: 30 Minuten
KOCHZEIT: 25 Minuten
SCHWIERIGKEITSGRAD: MITTEL

ZUTATEN FÜR VIER PERSONEN

10 Blätter Eier-Lasagne von Barilla

Für die Sauce mit rotem Radicchio
500 g Treviso-Radicchio
100 g Porree
100 ml Rotwein
30 g geriebener Parmigiano Reggiano
40 g Butter
30 ml natives Olivenöl
ein Zweig Thymian
20 g gehackte Petersilie
Salz

Für die Béchamelsauce
400 ml Milch
25 g Butter
20 g Mehl
250 g Mascarpone
Salz

In einer Pfanne den gewaschenen und in Streifen geschnittenen Radicchio bei mittlerer Hitze zusammen mit dem in dünne Scheiben geschnittenen Porree und dem Öl schmoren. Mit dem Rotwein ablöschen, verdampfen lassen und mit Salz abschmecken.
Erst am Ende der Garzeit (nach ca. 15 Minuten) den abgezupften Thymian und die Petersilie hinzufügen.

In der Zwischenzeit die Béchamelsauce vorbereiten. Die Butter in einen Topf geben und schmelzen lassen und dabei darauf achten, dass sie nicht braun wird. Das Mehl zur Butter geben und mit dem Schneebesen vermischen, bis eine glatte und gleichmäßige Sauce entsteht.
Die warme Milch dazugeben und mit dem Schneebesen unterrühren und dabei darauf achten, dass sich keine Klumpen bilden. Sollte die Béchamelsauce sich als zu dick erweisen, etwas Milch hinzufügen.
Ist sie dagegen zu dünnflüssig , ein paar Minuten länger kochen lassen.
Salzen, lauwarm werden lassen und den Mascarpone unterheben.
Mit der Hälfte der geschmolzenen Butter den Boden einer feuerfesten Form einfetten und die erste Schicht Eier-Lasagne darauf geben.
Abwechselnd den gedünsteten Radicchio und die Béchamelsauce mit Mascarpone einschichten, die jeweils durch eine Schicht Pasta getrennt werden. Fortfahren, bis alle Zutaten aufgebraucht sind. Die restliche Butter in Flöckchen hinzufügen und mit geriebenem Parmigiano Reggiano bestreuen.

Die Auflaufform mit Aluminiumfolie abdecken (dabei darauf achten, dass diese nicht den Inhalt berührt) und ca. 15 Minuten lang in den auf 170 °C vorgeheizten Ofen geben. Dann die Aluminiumfolie entfernen und die Garzeit um weitere 10 Minuten fortsetzen, um zu gratinieren.

EIER-LASAGNE NACH GENUESER ART

ZUBEREITUNGSZEIT: 35 Minuten
KOCHZEIT: 25 Minuten
SCHWIERIGKEITSGRAD: MITTEL

ZUTATEN FÜR VIER PERSONEN

8 Blätter Eier-Lasagne von Barilla
100 g Kartoffeln
50 g grüne Bohnen
etwas Salz
40 g geriebener Parmigiano Reggiano

Für das Pesto
1 Knoblauchzehe
25 g Pinienkerne
75 g Basilikumblätter
40 ml natives Olivenöl
50 g geriebener Parmigiano Reggiano
25 g geriebener Sardischer Pecorino
etwas Salz

Für die Béchamelsauce
500 ml Milch
30 g Butter
25 g Mehl
etwas geriebene Muskatnuss

ALTERNATIVE SORTEN
Um ein farbenfroheres Gericht zu erhalten, können Sie auch grüne Eierlasagne verwenden.

Für das Pesto den Knoblauch und die Pinienkerne in die Küchenmaschine oder den Rührbecher des Stabmixers geben und zerkleinern. Den gründlich gewaschenen und getrockneten Basilikum, das native Olivenöl, eine Prise Salz und den Käse hinzufügen und alles zu einer dicken Sauce mixen. Bei Bedarf noch etwas Öl hinzufügen.

Die Kartoffeln schälen und würfeln, die grünen Bohnen putzen, waschen diese in Stückchen schneiden. Sowohl die Kartoffeln als auch die grünen Bohnen in kochendem Salzwasser bissfest kochen und abgießen.
Für die Béchamelsauce die Butter in einer Kasserolle bei mittlerer Hitze schmelzen. Das Mehl hinzufügen und mit einem Schneebesen sorgfältig verrühren, um Klumpen zu vermeiden. Die zuvor erhitzte Milch dazugeben. Alles einige Minuten lang aufkochen und mit Muskat und Salz abschmecken.

Den Backofen auf 170 °C vorheizen. Etwas Béchamelsauce, Pesto, grüne Bohnen und Kartoffeln auf den Boden einer Auflaufform geben und mit zwei Blatt Pasta abdecken. Diese Vorgang weitere drei Mal wiederholen, bis vier übereinanderliegende Schichten erreicht sind. Dann die letzte Schicht nur mit Béchamelsauce und geriebenem Parmigiano Reggiano bedecken. Die Lasagne 20-25 Minuten im heißen Ofen backen.
Vor dem Servieren 5 Minuten ruhen lassen.

I love Pasta

EIER-LASAGNE MIT FISCH

ZUBEREITUNGSZEIT: 1 Stunde
KOCHZEIT: 20 Minuten
SCHWIERIGKEITSGRAD: HOCH

ZUTATEN FÜR VIER PERSONEN

8 Blätter Eier-Lasagne von Barilla
etwas Butter für die Form

Für die Füllung
300 g Venusmuscheln
60 ml natives Olivenöl
1 Knoblauchzehe
1 Bund Petersilie, fein gehackt
100 ml Weißwein
Peperoncino
350 g Seeteufel, küchenfertig
8 Garnelen
120 g Kirschtomaten
Salz und Pfeffer

Für die Velouté
500 ml Fischfond
35 g Butter
30 g Mehl
Salz

ALTERNATIVE SORTEN
Das Rezept kann auch mit grüner Eier-Lasagne zubereitet werden.

Den Backofen auf 180 °C vorheizen. Für die Füllung die Venusmuscheln mit 30 ml Olivenöl, der ganzen Knoblauchzehe, der gehackten Petersilie und dem Weißwein und einem Stückchen Peperoncino in einen Topf geben, aufkochen und kochen lassen, bis sich die Muscheln geöffnet haben. Das Muschelfleisch aus den Schalen holen, die Schalen zusammen mit den ungeöffneten Muscheln wegwerfen. Den Kochsud filtern. Den Seeteufel filetieren und die Garnelen putzen und waschen. Beides in mundgerechte Stücke schneiden.

Die Kirschtomaten waschen und in vier Teile schneiden. In einer Pfanne das restliche Olivenöl stark erhitzen und den Fisch und die Garnelen darin kurz anbraten. Die Kirschtomaten hinzufügen und schmelzen lassen, alles mit Salz und Pfeffer abschmecken und die gehackte Petersilie und die Venusmuscheln hinzufügen.

Für die Velouté die Butter in einen Topf geben und zergehen lassen und dabei darauf achten, dass sie nicht braun wird. Das Mehl zur Butter geben und mit dem Schneebesen zu einer glatten Mehlschwitze verrühren. Den Fischfond dazugießen, den Kochsud der Venusmuscheln hinzufügen und unter ständigem Rühren mit dem Schneebesen aufkochen. Dabei darauf achten, dass sich keine Klumpen bilden. Die Fischvelouté eine Minute kochen lassen und beiseite stellen. In eine gebutterte ofenfeste Form etwas Velouté geben und eine Schicht Lasagne darauf legen. Etwas Fischragout darauf verteilen. In dieser Weise fortfahren, bis alle Zutaten aufgebraucht sind und mit Velouté abschließen.

Die Lasagne im heißen Ofen etwa 20 Minuten backen und vor dem Servieren 5-10 Minuten abkühlen lassen. Nach Belieben das Gericht mit ein wenig Velouté garnieren.

GRÜNE EIER-LASAGNE NACH BOLOGNESER ART

ZUBEREITUNGSZEIT: 2 Stunden
KOCHZEIT: 30 Minuten
SCHWIERIGKEITSGRAD: HOCH

ZUTATEN FÜR VIER PERSONEN

8 Blätter grüne Eier-Lasagne von Barilla

Für das Ragout
60 g Zwiebel
50 g Karotte
30 g Staudensellerie
30 ml natives Olivenöl
1 Lorbeerblatt
100 g Schweinehack
120 g Rinderhack
20 g durchwachsener Speck
Salz und Pfeffer
80 ml Rotwein
60 g Tomatenmark

Für die Béchamelsauce
500 ml Milch
30 g Butter
25 g Mehl
geriebene Muskatnuss
Salz

Zum Überbacken
80 g geriebener Parmigiano Reggiano
20 g Butter

Für das Ragout Zwiebel, Karotte und Staudensellerie putzen und hacken.
In einer Kasserolle das Gemüse bei mittlerer Hitze mit etwas Öl und dem Lorbeerblatt anschwitzen. Das Hackfleisch und den in Würfel geschnittenen Speck zum Gemüse geben und alles bei starker Hitze anbraten.
Sobald das Fleisch etwas Farbe angenommen hat, salzen, pfeffern und mit dem Rotwein ablöschen. Den Wein vollkommen einkochen lassen, dann die Hitze verringern und das Tomatenmark dazugeben und so viel Wasser angießen, dass das Hackfleisch gerade bedeckt ist. Die Sauce bei mittlerer Hitze mindestens 30 Minuten lang köcheln lassen.
Für die Béchamelsauce die Milch erhitzen und in einer Kasserolle die Butter schmelzen. Das Mehl hinzufügen und die Mischung 3-4 Minuten bei schwacher Hitze weiter kochen und dabei mit einem Schneebesen umrühren. Dann die kochende Milch dazugießen, alles mit Salz und etwas geriebener Muskatnuss abschmecken und unter ständigem Rühren, damit sich keine Klumpen bilden, weiter kochen, bis eine dicke und cremige Sauce entsteht.
Den Backofen auf 170 °C vorheizen. Eine feuerfeste Form buttern, eine erste Schicht grüne Eier-Lasagne hineingeben und auf dieser gleichmäßig etwas Ragout verteilen, dann Béchamelsauce darübergießen und mit reichlich Parmigiano Reggiano bestreuen. So fortfahren, bis alle Zutaten aufgebraucht sind. Mit Béchamelsauce und reichlich Käse abschließen und dann einige Butterflöckchen darauf verteilen.
Die Lasagne im heißen Ofen 25-30 Minuten backen und vor dem Servieren 5 Minuten ruhen lassen.

ALTERNATIVE SORTEN

Für ein Gericht, bei dem die leuchtende Farbe der Sauce besser zur Geltung kommt, können Sie eine andere Pastasorte verwenden: die klassische gelbe Eier-Lasagne.

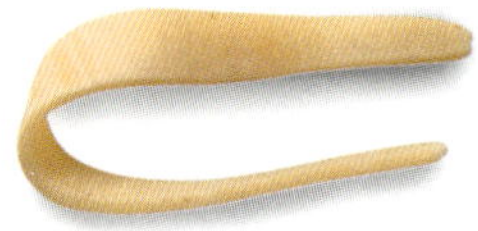

MALTAGLIATI MIT SPECK, RADICCHIO UND BRIE

ZUBEREITUNGSZEIT: 25 Minuten
KOCHZEIT: 7 Minuten
SCHWIERIGKEITSGRAD: LEICHT

ZUTATEN FÜR VIER PERSONEN

250 g Maltagliati von Barilla
1 Schalotte
150 g roter Radicchio
100 g in Scheiben geschnittener Schinkenspeck
30 ml natives Olivenöl
50 g Brie
4 Zweige Thymian
Salz und Pfeffer

Die Schalotte schälen, den Radicchio waschen und trockenschleudern. Die Schalotte in feine Scheiben, den Radicchio in feine Streifen schneiden.

Den Schinkenspeck ebenfalls in Streifen schneiden.
In einer Pfanne das Öl erhitzen und die Schalotte darin anschwitzen.

Den Speck dazugeben und kross braten. Dann den Radicchio zum Speck geben, das Ganze salzen und pfeffern, und kurz schmoren lassen. Der Radicchio muss noch etwas knackig sein.

Die Maltagliati in kochendem Salzwasser bissfest kochen. Inzwischen den Brie in kleine Würfel schneiden und den Thymian abzupfen. Die Maltagliati abgießen, mit der Radicchio-Speck-Masse mischen und mit dem Brie und den Thymianblättchen bestreuen.

ALTERNATIVE SORTEN

Bei diesem Rezept können anstelle der Maltagliati auch Mezze Maniche Rigate, Rigatoni oder Farfalle verwendet werden.

EIER-PAGLIA E FIENO MIT FRISCHEN TOMATEN

ZUBEREITUNGSZEIT: 45 Minuten
KOCHZEIT: 5 Minuten
SCHWIERIGKEITSGRAD: LEICHT

ZUTATEN FÜR VIER PERSONEN

250 g Eier-Paglia e Fieno von Barilla
1 kg reife Tomaten
100 g Zwiebeln
1 Knoblauchzehe
1 Bund Basilikum
30 ml natives Olivenöl
Salz und schwarzer Pfeffer aus der Mühle
40 g geriebener Parmigiano Reggiano

Die Tomaten in kochendem Wasser brühen, schälen, die Kerne entfernen und das Fruchtfleisch in Würfel schneiden.
Die Zwiebeln schälen und fein hacken. Den Basilikum waschen, trockenschütteln und grob hacken.

In einer Kasserolle das Olivenöl erhitzen die gehackte Zwiebel im Öl mit der ganzen geschälten Knoblauchzehe leicht anbräunen. Die Tomatenwürfel zu den Zwiebeln geben und salzen. Nach rund 10 Minuten den Knoblauch aus der Sauce nehmen und wegwerfen. Den grob gehackten Basilikum hinzufügen. Das Ganze bei schwacher Hitze unter häufigem Umrühren köcheln lassen, bis die Tomatenwürfel zerfallen sind und mit Salz und Pfeffer abschmecken.

Die Eier-Paglia e Fieno in reichlich kochendem Salzwasser bissfest kochen, abgießen und auf vorgewärmten Tellern anrichten. Die Tomatensauce darüber verteilen und alles mit dem geriebenem Parmigiano Reggiano bestreuen.

ALTERNATIVE SORTEN

Diese Sauce ist vielseitig und passt sowohl zu Hartweizengrieß- als auch zu Eiernudeln und sowohl zu langer als auch kurzer Pasta. Wir empfehlen in jedem Fall unter den Hartweizengrießnudeln Sorten wie Penne Rigate oder Lisce, Rigatoni und Spaghetti. Für die Eiernudeln: Fettuccine, Tagliatelle und Garganelli.

EIER-PAGLIA E FIENO MIT ROHEM SCHINKEN UND ERBSEN

ZUBEREITUNGSZEIT: 15 Minuten
KOCHZEIT: 5 Minuten
SCHWIERIGKEITSGRAD: LEICHT

ZUTATEN FÜR VIER PERSONEN

250 g Eier-Paglia e Fieno von Barilla
160 g grüne Erbsen
Salz
25 g Zwiebeln
140 g roher Schinken in einer einzigen Scheibe
30 g Butter
50 ml Fleischbrühe
Salz und Pfeffer
40 g geriebener Parmigiano Reggiano

Die Erbsen in reichlich kochendem Salzwasser 5 Minuten blanchieren, mit einem Schaumlöffel herausnehmen und abtropfen lassen.
Das Salzwasser zum Nudelkochen weiterverwenden. Die Zwiebel schälen und hacken, den Schinken in Streifen schneiden.
Die Butter in einer Pfanne erhitzen und die Zwiebel darin glasig anschwitzen, den rohen Schinken dazugeben, kurz braten und mit der Brühe ablöschen. Die Schinkensauce etwas einkochen lassen, die Erbsen dazugeben und alles mit Salz und Pfeffer abschmecken.
Die Eier-Paglia e Fieno im kochendem Salzwasser bissfest kochen. Etwas Kochwasser zur Schinkensauce geben, die Pasta abgießen und in der Pfanne mit der Schinkensauce vermischen. Mit dem geriebenen Parmigiano Reggiano bestreuen.

ALTERNATIVE SORTEN

Diese Sauce ist vielseitig und passt sowohl zu Hartweizengrieß- als auch zu Eiernudeln und sowohl zu langer als auch kurzer Pasta. Wir empfehlen in jedem Fall unter den Hartweizengrießnudeln Sorten wie Penne Rigate oder Lisce, Rigatoni und Spaghetti. Für die Eiernudeln: Fettuccine, Tagliatelle und Garganelli.

EIER-PAPPARDELLE MIT WURST- UND PAPRIKA-RAGOUT

ZUBEREITUNGSZEIT: 30 Minuten
KOCHZEIT: 7 Minuten
SCHWIERIGKEITSGRAD: MITTEL

ZUTATEN FÜR VIER PERSONEN

250 g Eier-Pappardelle von Barilla
180 g Zwiebeln
100 g rote Paprikaschote
100 g gelbe Paprikaschote
60 ml natives Olivenöl
300 g Bratwurst, am besten Salsicce
400 g geschälte Tomaten
Salz und Pfeffer
100 g schwarze Oliven

Die Zwiebeln schälen und in feine Scheiben schneiden. Die Paprikaschoten waschen, den Strunk und die Kerne entfernen und das Fruchtfleisch in kleine Würfel schneiden. In einer Pfanne 30 ml Öl erhitzen und die Zwiebeln darin glasig dünsten. Die Paprika dazugeben und das Ganze braten, bis die Paprika weich, aber bissfest sind.

In einer zweiten Pfanne das restliche Öl erhitzen. Die Salsicce aufschneiden und das Brät aus der Pelle in die Pfanne drücken. Das Wurstbrät gründlich ausbraten und dabei mit dem Kochlöffel krümelig zerstoßen. Das ausgebratene Fett abgießen und das Wurstbrät zu den Paprika geben. Die geschälten Tomaten abgießen und das Tomatenfleisch zu den Paprika geben. Die Sauce mit Salz und Pfeffer abschmecken und 15 Minuten weiterkochen. Zum Schluss die schwarzen Oliven hinzufügen und in der Sauce erhitzen.

Unterdessen die Eier-Pappardelle in kochendem Salzwasser bissfest kochen, abgießen und auf vorgewärmten Tellern mit dem Wurst-Paprika-Ragout anrichten.

ALTERNATIVE SORTEN
Für dieses Rezept können Sie andere lange Eiernudelsorten verwenden wie Tagliatelle Larghe oder Pappardelle Ricce.

EIER-PAPPARDELLE MIT TRUTHAHNSTREIFEN, STEINPILZEN UND SCHWARZEM TRÜFFEL

ZUBEREITUNGSZEIT: 30 Minuten
KOCHZEIT: 7 Minuten
SCHWIERIGKEITSGRAD: MITTEL

ZUTATEN FÜR VIER PERSONEN

250 g Eier-Pappardelle von Barilla
350 g Truthahnfleisch
30 ml natives Olivenöl
50 ml süße Sahne
20 g gehackte Petersilie
Salz und weißer Pfeffer aus der Mühle
200 g Steinpilze
30 g schwarzer Sommertrüffel

Das Truthahnfleisch in 4 Zentimeter lange und einen Zentimeter breite Stücke schneiden.

In der Pfanne 15 ml Olivenöl erhitzen und das Truthahnfleisch darin anbraten. Die Sahne und die gehackte Petersilie dazugeben, das Ganze mit Salz und Pfeffer abschmecken und 3-4 Minuten kochen lassen.

Die Steinpilze putzen, in Würfel schneiden. Das restliche Öl in einer zweiten Pfanne erhitzen und die Pilze darin 3 Minuten lang bei starker Hitze unter ständigem Rühren braten und zum Truthahnragout geben.

Die Eier-Pappardelle in reichlich kochendem Salzwasser bissfest kochen, abgießen, mit dem Truthahn-Steinpilz-Ragout anrichten und mit der gehobelten schwarzen Trüffel garnieren.

ALTERNATIVE SORTEN
Unter den Eiernudeln passen zwei weitere Sorten sehr gut zu diesem Rezept, und zwar Garganelli und Pappardelle. Unter den Hartweizengrießnudeln dagegen die Mezze Maniche Rigate.

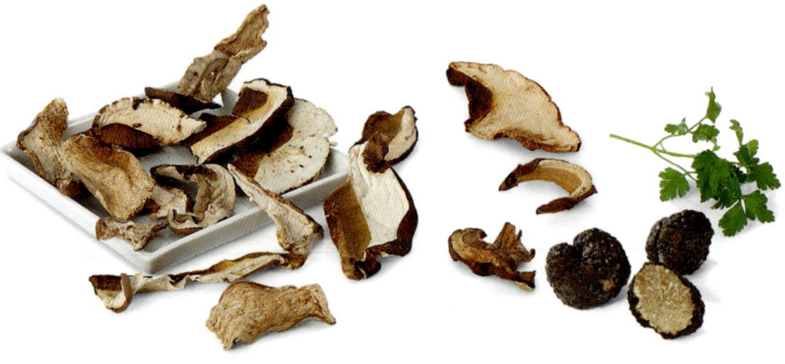

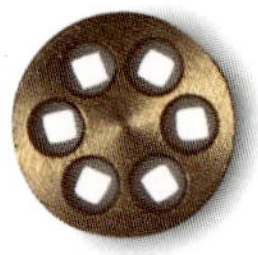

SPAGHETTI ALLA CHITARRA ALLA GRICIA

ZUBEREITUNGSZEIT: 10 Minuten
KOCHZEIT: 8 Minuten
SCHWIERIGKEITSGRAD: LEICHT

ZUTATEN FÜR VIER PERSONEN

350 g Spaghetti alla Chitarra von Barilla
250 g Schweinebacke oder Bauchspeck
1 roter Peperoncino
50 ml natives Olivenöl
Salz und Pfeffer
60 g geriebener Pecorino Romano

Das Fleisch in kleine Stücke schneiden. Den Peperoncino waschen, entkernen und in Streifen schneiden.

Das Olivenöl in einer großen Pfanne erhitzen, das Fleisch mit dem Peperoncino dazugeben, etwa 3 Minuten unter häufigem Umrühren braten, salzen und pfeffern.

In der Zwischenzeit die Spaghetti in reichlich kochendem Salzwasser bissfest kochen, abgießen und in der Pfanne mit der Specksauce vermischen.

Die Pasta mit dem geriebenen Pecorino Romano bestreuen und nach Belieben mit Pfeffer übermahlen.

ALTERNATIVE SORTEN
Für dieses klassische Rezept der Küche des Latiums können Sie auch andere lange Pastasorten verwenden wie Bucatini und spaghetti.

EIER-TAGLIATELLE NACH BOLOGNESER ART

ZUBEREITUNGSZEIT: 1 Stunde
KOCHZEIT: 6 Minuten
SCHWIERIGKEITSGRAD: MITTEL

ZUTATEN FÜR VIER PERSONEN

250 g Eier-Tagliatelle von Barilla
40 g Karotte
40 g Staudensellerie
40 g gelbe Zwiebel
150 g Schweineschulter
150 g Rindfleisch
150 g durchwachsener Speck
100 ml natives Olivenöl
100 ml Rotwein
90 g Tomatenmark
2 Lorbeerblätter
160 ml Rinderbrühe
Salz und schwarzer Pfeffer aus der Mühle
50 g geriebener Parmigiano Reggiano

Die Karotte und den Staudensellerie putzen und waschen, die Zwiebel schälen. Das Gemüse und das Fleisch sowie den Speck klein schneiden. Das Öl in einer Kasserolle erhitzen, das Gemüse und den Speck dazugeben und bei mittlerer Hitze anschwitzen. Das Fleisch hinzufügen und bei starker Hitze von allen Seiten anbraten.

Das Ganze mit dem Rotwein ablöschen und kochen lassen, bis die Flüssigkeit fast vollständig verdampft ist. Das Tomatenmark mit den Lorbeerblättern unter das Ragout rühren, die Brühe angießen und alles salzen und pfeffern. Das Ragout bei schwacher Hitze ca. 45 Minuten köcheln lassen.

Inzwischen die Eier-Tagliatelle in reichlich kochendem Salzwasser bissfest kochen, abgießen mit dem Ragout anrichten und mit dem geriebenen Parmigiano Reggiano bestreuen.

ALTERNATIVE SORTEN

Für diesen Klassiker der emilianischen Küche empfehlen wir lange Eiernudelsorten wie Paglia e Fieno und Fettuccine.

EIER-TAGLIOLINI NACH MONFERRAT-ART

ZUBEREITUNGSZEIT: 10 Minuten
KOCHZEIT: 2 Minuten
SCHWIERIGKEITSGRAD: LEICHT

ZUTATEN FÜR VIER PERSONEN

250 g Eier-Tagliolini von Barilla
1 Zweig Rosmarin
1 Zweig Thymian
2 Zweige Salbei
1/2 Knoblauchzehe
100 g Butter
1 Lorbeerblatt
Salz
60 g geriebener Parmigiano Reggiano (nach Wunsch)

Die Kräuter waschen und trockenschütteln. Rosmarin und Thymian abzupfen, den Salbei in Streifen schneiden. Den Knoblauch in kleine Würfel schneiden.
Die Butter in einer Pfanne bei schwacher Hitze zerlassen, den Knoblauch und die Kräuter zusammen mit dem Lorbeerblatt dazugeben und in der heißen Butter ziehen lassen, aber nicht anbraten.

Inzwischen die Eier-Tagliolini in reichlich kochendem Salzwasser bissfest kochen, abgießen und in eine vorgewärmte Schüssel geben.

Die aromatisierte Butter durch ein Sieb darüber gießen, alles gut vermischen und nach Geschmack mit etwas geriebenem Parmigiano Reggiano bestreuen.

ALTERNATIVE SORTEN
Für dieses klassische Rezept, das in der gastronomischen Tradition des Piemonts steht, kann auch eine andere Pastasorte verwendet werden, die Eier-Taglierini.

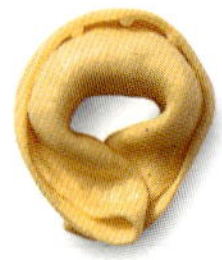

TORTELLINI MIT ROHEM SCHINKEN IN FLEISCHBRÜHE

ZUBEREITUNGSZEIT: 3 Stunden
KOCHZEIT: 10 Minuten
SCHWIERIGKEITSGRAD: LEICHT

ZUTATEN FÜR VIER PERSONEN

350 g Tortellini von Barilla mit rohem Schinken
1 Zwiebel
1 Stengel Staudensellerie
1 Karotte
300 g Rinderbauch
500 g Rinderknochen
1/2 Masthähnchen
1 Bund Petersilie
grobes Salz
20 g schwarze Pfefferkörner
2 Lorbeerblätter
Salz und Pfeffer aus der Mühle

Das gesamte geputzte und gewaschene Gemuese und die Petersilie zusammen mit dem Fleisch, den Knochen und der Hühnerhälfte in einem großen Suppentopf mit 5 Liter kaltem Wasser aufsetzen und zum Kochen bringen und etwa 3 Stunden bei schwacher Hitze zugedeckt kochen lassen.

Dabei gelegentlich mit einer Siebkelle abschäumen.
Nach der Hälfte der Kochzeit Salz, Pfefferkörner und Lorbeer hinzufügen. Am Ende der Garzeit die Brühe durch ein Sieb abgießen, entfetten und mit Salz und Pfeffer abschmecken.

Die Tortellini mit rohem Schinken in 2 Liter Brühe bissfest garen und servieren. Die restliche Brühe anderweitig verwenden.

ALTERNATIVE SORTEN
Mit der Masthahnbrühe ist auch eine andere Pastasorte hervorragend: mit Fleisch gefüllte Cappelletti.

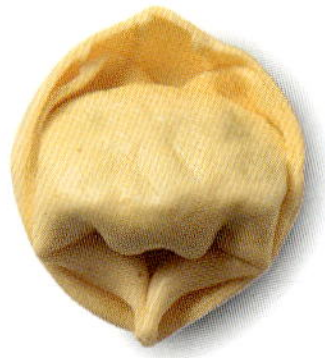

TORTELLONI MIT RICOTTA UND SPINAT IN BUTTER-SALBEI-SAUCE

ZUBEREITUNGSZEIT/KOCHZEIT: 11 Minuten
SCHWIERIGKEITSGRAD: LEICHT

ZUTATEN FÜR VIER PERSONEN

350 g Tortelloni von Barilla mit Ricotta und Spinat
Salz
2 Zweige Salbei
60 g Butter
60 g geriebener Parmigiano Reggiano

Die Tortelloni mit Ricotta und Spinat in reichlich kochendem Salzwasser bissfest kochen.

In der Zwischenzeit den Salbei waschen, trockenschütteln und die Blätter abzupfen. In einer Pfanne die Butter mit dem gewaschenen Salbei erhitzen, aber nicht braun werden lassen.

Die Pasta am Ende der Kochzeit abgießen, in die Pfanne mit der Salbeibutter geben, gut mischen und mit dem geriebenem Parmigiano Reggiano bestreuen.

SUPPENNUDELN

GENUSS PAR EXCELLENCE

I ♥ love Pasta

Eine warme Liebkosung nach einem kalten Wintertag, ein erfrischender Balsam an einem glühendheißen Sommerabend – Brühen, Suppen und Gemüsesuppen sind ein wahrer Trost und die kleine Pasta, von der sie traditionell begleitet werden, ist eine Garnitur kleiner Juwelen, die in der Lage ist, sie zu bereichern.

So wie für die anderen Pastatypen gibt es auch bei Suppennudeln viele in Form, Konsistenz, Oberfläche und Größe unterschiedliche Sorten, von denen jede für ein bestimmtes Gericht geeignet ist. Die Risoni zum Beispiel, eine feinkörnige Pasta in Anlehnung an die klassischen Reiskörner, sind mit Gemüsecremesuppen köstlich: Hier finden Sie zwei interessante Rezepte, das erste mit einer Creme aus dicken Bohnen und Brotkrumen und das zweite mit Auberginencreme. Die Farfalline dagegen, die kleinen Schwestern der Farfalle, sind ideal mit Brühe oder leichten Suppen, während die Ditalini Rigati, eine Sorte, die vor langer Zeit in Neapel entstanden ist und an einen Fingerhut erinnert, normalerweise mit Minestrone aus Gemüse serviert werden, einem der großen Klassiker der italienischen Küche. Und die glatten Sorten? Diese sind hervorragend in Suppen aus Hülsenfrüchten und weichen Veloutés.

In der gastronomischen Tradition werden Suppennudeln normalerweise bei ersten Gängen für Löffelgerichte verwendet. Doch es gibt angenehme Ausnahmen, vor allem mit den größeren Suppennudelsorten, die auch dazu geeignet sind, bei nichtflüssigen Gerichten zu glänzen. Einige Rezepte sind warm zu genießen wie die Mezzi Canneroni, die Mignon-Version der Cannelloni mit ihrem zylindrischen Aussehen und der polierten Oberfläche, die mit einer schmackhaften Sauce aus Linsen, Wirsing und Wurst zubereitet werden. Gleiches gilt für die Vollkorn-Ditaloni rigati, hier mit einer Begleitung aus Treviso-Radicchio und Asiago-Käse: Dank ihrer Rillen lassen sie sich wunderbar von der Cremigkeit der Sauce umhüllen.

Weitere Rezepte mit Suppennudeln ohne Suppe oder Brühe können dagegen kalt genossen werden, wie die originellen und köstlichen Stelline mit Würfeln aus grünem Apfel, Rosinen und Mandeln, oder der Salat aus Ditaloni rigati mit Brokkoliröschen, Kichererbsen und Krebsen, ein harmonisches Gericht, das die Freude am Gemüse mit dem vollen Geschmack der Hülsenfrüchte und der Zartheit der Meeresfrüchte vereint.

DITALI LISCI / DITALINI RIGATI / DITALONI RIGATI / VOLLKORN-DITALONI RIGATI / MEZZI CANNERONI

DITALI UND DEREN ABLEITUNGEN WERDEN HAUPTSÄCHLICH IN DER MINESTRONE VERWENDET UND PASSEN AUCH GUT ZU ERBSEN, LINSEN, BOHNEN UND HÜLSENFRÜCHTEN. DIE DITALONI EIGNEN SICH AUCH FÜR AUFLÄUFE MIT FLEISCH- ODER GEMÜSE UND BÉCHAMELSAUCE.

Alle Regionen Italiens.

Der Name der Nudel bedeutet »Fingerhut«, und tatsächlich erinnert die Form dieser Pastasorte an dieses heute fast vergessene Utensil, das aber in einer Zeit, da noch von Hand genäht wurde, zum Schutz der Finger vor den Stichen der Nadel unverzichtbar war. Es gibt sie in unterschiedlichen Stückgrößen. Weitere Namen sind *Tubetti, Gnocchetti di ziti* und *Coralli*. In Apulien und Sizilien nennt man sie *Denti di vecchia* (Altfrauenzähne) oder *Denti di cavallo* (Pferdezähne).

Die Sorte ist mit Sicherheit Teil des »historischen« Katalogs der Pastasorten und wird 1824 im Kurzepos von Antonio Viviani (1797-1854) Li maccheroni di Napoli *(Die Maccheroni von Neapel) erwähnt, das den »mythischen« Ursprüngen der Pasta gewidmet ist, doch auch in der systematischen Forschung von Giuseppe Pitré, die 1889 in Palermo unter dem Titel* Usi, costumi e pregiudizi del popolo siciliano *(Sitten, Bräuche und Vorurteile des sizilianischen Volkes) herausgegeben wurde. Hauptsächlich in Minestrone oder Suppen mit Hülsenfrüchten verwendet, werden Ditali und Ditalini in Kalabrien gern »ca trimma« gereicht, mit einer Sauce aus geschlagenen Eiern, Pecorino und Petersilie.*

Antonio Viviani beschreibt die Maschine zur Herstellung von Pasta zu erfinden: Aus dem der Hölle entstammenden Mechanismus kamen die ersten Maccheroni, gefolgt von zahlreichen anderen Sorten, die zu jener Zeit bereits bekannt waren und verwendet wurden:

„Zu dieser Klasse [der Pastasorten] gehört das Maccheroncino
Die Ditali und Semenze di mellone,
dann die Punte d'aghi, die Stelline,
von denen es mehr als tausend für einen Bissen braucht."

Aus: Viviani Antonio, *Li maccheroni di Napoli (Die Maccheroni von Neapel)*, spielerisches Epos. Neapel (I), in der Druckerei der Società Filomatica, 1824.

KURZE HOHLE PASTA AUS HARTWEIZENGRIESS
Durchschnittliche Größe der Ditali rigati:
Länge 6,00 mm • Durchmesser 6,15 mm • Stärke 1,10 mm
Durchschnittliche Größe der Ditalini rigati:
Länge 5,50 mm • Durchmesser 5,00 mm • Stärke 1,00 mm
Durchschnittliche Größe der Ditaloni rigati:
Länge 9,00 mm • Durchmesser 8,80 mm • Stärke 1,10 mm

FARFALLINE

DIE KLEINSTEN SORTEN AM BESTEN ALS SUPPENEINLAGE.

Alle Regionen Italiens. Häufig in Ligurien.

Der Begriff, in der italienischen Sprache eindeutig, erinnert an die Flügel des Schmetterlings, denen die Nudel ähnelt. Bei der industriellen Herstellung ist dies das kleinste Format und ideal für Suppen. Die Nudel weist eine einfache Biegung in der Mitte auf (im Gegensatz zur doppelten der *Farfalle* der großen Sorte) und wird je nach Größe unterschiedlich bezeichnet. So sind sie bekannt als *Canestri, Canestrini, Nastrini, Nodini, Stricchetti* (von einer Dialektform des Verbs *stringere*, zusammendrücken), abgeleitet von der Verengung in der Mitte, oder *Galani* vom Namen der Fliege, die zum *Smoking* getragen wird. Nach Beginn des Kolonialabenteuers in Nordafrika nannte man sie auch *Tripolini*.

Die Farfalline erinnern wie die Farfalle an Schmetterlinge. Ursprünglich aus einem mit dem Nudelholz ausgerollten Teigblatt hergestellt und von Hand zusammengedrückt, wurde die Farfalle wegen dieses Merkmals auch »Stricchetti« genannt. 1908 weist Renato Rovetta in seinem Buch Industria del pastificio o dei maccheroni (Die Herstellung von Pasta oder Maccheroni), *das in den Hoepli-Handbüchern erschienen ist und eine Reihe von Auflagen erlebt hat, unter der »hand-*gemachten Pasta wie in Bologna«, *eine ganze Reihe von Sorten aus, die mit einem gezahnten Teigschneider (oder Teigrad) zurechtgeschnitten werden und Vorläufer der Farfalle sind. Unter diesen werden auch die Canestrini und die Farfalline als Suppennudeln genannt, die ursprünglich mit Eierteig hergestellt wurden. Heute verwendet man bei der industriellen Herstellung überwiegend Hartweizengrieß.*

KURZE, IN DER MITTE ZUSAMMENGEDRÜCKTE PASTA AUS EINEM TEIGBLATT AUS HARTWEIZENGRIESS
Durchschnittliche Größe:
Länge 15,00 mm • Breite 7,00 mm • Stärke 1,10 mm

RISONI

SUPPENNUDELN.

Alle Regionen Italiens.

Wie zahlreiche andere Namen kleiner Suppennudeln bezieht sich der Begriff wegen der erkennbaren Ähnlichkeit auf Samen von Pflanzen, in diesem Fall den Reis.

Es gibt zahlreiche Suppennudeln, die in der Form vielleicht versuchen, die echten Getreidesamen zu ersetzen, die in der bäuerlichen Tradition die Grundlage der Ernährung in den verschiedenen Suppen und Gemüsesuppen, die mit Fleisch- oder Gemüsebrühe hergestellt wurden, bereicherten. Daher die Risi, *die* Lenti(cchie), *die verschiedenen* Semi, Semini, Midolline, *usw., die, auch wenn sie den echten Getreidesorten ähnelten, das Kochen und die Zubereitung der Gerichte vereinfachten.*

PASTA AUS HARTWEIZENGRIESS
Durchschnittliche Größe:
Länge 9,00 mm • Breite 1,70 mm • Durchmesser 2,10 mm

STELLINE

IN FLEISCH- ODER GEMÜSEBRÜHE.

Alle Regionen Italiens.

Der Begriff bezieht sich offensichtlich auf die Form der Suppennudel, die sternförmig gestanzt oder gezogen wird. Die gleiche Sorte wird in einigen Gebieten Italiens auch als *Astri, Fiori di sambuco oder Stellette* bezeichnet.

Die Suppennudelsorte in Form eines kleinen Sterns ist seit sehr langer Zeit bekannt. Unter dem Begriff „Stelle" wird sie als eine frische Pasta bereits von Cristoforo da Messisbugo erwähnt, , der in der ersten Hälfte des 16. Jahrhunderts als Chef des Küchendienste am Hof von Ferrara wirkte. 1846 fanden sich die Stelline als Stichwort bei Giacinto Carena in seinem Vocabolario domestico (Haushaltswörterbuch) *unter den Pastaformaten aus industrieller Herstellung.*

Tommaso Garzoni (1549-1589), ein beliebte Schriftsteller des 16. Jahrhunderts, führt in seiner kuriosen enzyklopädischen *Piazza Universale* (Universalplatz), die 1585 veröffentlicht wurde, im Zuge einer Abhandlung über den Pastahersteller, eine lange Liste italienischer Pastasorten auf, von denen viele noch heute verwendet werden:

„... So die Lebensmittel aus Teig wie Gnocchi, Maccheroni, Lasagne, Tagliatelle, Casatelle, Stelle, Stellette und so die unterschiedlichen Suppenarten ... ."

Aus: Garzoni Tommaso, *Piazza universale delle professioni del mondo (Universalplatz der Berufe der Welt)*. Venedig (I), 1585, S. 297-298.

SUPPENNUDELN AUS HARTWEIZENGRIESS
Durchschnittliche Größe:
Länge 1,40 mm • Durchmesser 4,10 mm • Stärke 0,60 mm

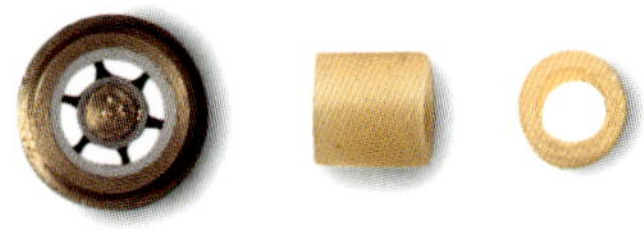

GEMÜSECREME MIT DITALI LISCI

ZUBEREITUNGSZEIT: 2 Stunden
EINWEICHZEIT: 12 Stunden
KOCHZEIT: 10 Minuten
SCHWIERIGKEITSGRAD: LEICHT

ZUTATEN FÜR VIER PERSONEN

200 g Ditali Lisci von Barilla
250 g gemischte getrocknete Hülsenfrüchte (Linsen, Bohnen, Erbsen, dicke Bohnen, etc.)
200 g Kartoffel
80 g Zwiebel
70 g Staudensellerie
80 g Karotten
60 ml natives Olivenöl
Salz und Pfeffer aus der Mühle
50 g geriebener Pecorino

Die Hülsenfrüchte mindestens 12 Stunden lang in kaltem Wasser einweichen, abgießen und abtropfen lassen.

Die Kartoffeln und die Zwiebeln schälen. Den Sellerie und die Karotten putzen und waschen. Das ganze Gemüse klein schneiden.

In einem Topf 30 ml Öl erhitzen, das Gemüse dazugeben und 4-5 Minuten anschwitzen. Dann die Hülsenfrüchte dazugeben und so viel kaltes Wasser angießen, dass alles bedeckt ist. Das Ganze aufkochen und bei schwacher Hitze etwa 90 Minuten köcheln lassen, bis die Hülsenfrüchte weich sind. Die Suppe mit Salz und Pfeffer abschmecken, die Ditali Lisci hinzufügen und in der Suppe bissfest kochen.

Die Gemüsecreme auf Suppenteller verteilen, mit dem restlichen Olivenöl beträufeln, mit dem geriebenen Pecorino bestreuen und mit schwarzem Pfeffer übermahlen.

ALTERNATIVE SORTEN
Zu dieser Gemüsecreme passen auch andere Suppennudeln perfekt wie Conchigliette, Farfalline und Eier-Lancette.

DITALINI RIGATI MIT MEERESFRÜCHTEN UND SAFRAN

ZUBEREITUNGSZEIT: 20 Minuten
KOCHZEIT: 9 Minuten
SCHWIERIGKEITSGRAD: MITTEL

ZUTATEN FÜR VIER PERSONEN

350 g Ditalini Rigati von Barilla
250 g Miesmuscheln
250 g Venusmuscheln
160 g Kartoffeln
60 ml natives Olivenöl
1 Lorbeerblatt
1 Knoblauchzehe
100 ml trockener Weißwein
1 Briefchen Safran
Salz und Pfeffer aus der Mühle
20 g gehackte Petersilie

Die Venusmuscheln und die gut unter fließendem Wasser gebürsteten und entbarteten Miesmuscheln sorgfältig waschen. Offene Muscheln wegwerfen. Die Kartoffeln schälen und in Würfel schneiden.

Die Muscheln mit 60 ml Öl, dem Lorbeerblatt, der ganzen Knoblauchzehe und dem Wein in eine Kasserolle geben, aufkochen und zugedeckt kochen lassen, bis sich die Muscheln geöffnet haben. Ungeöffnete herausnehmen und wegwerfen. Die Muscheln abgießen, den Sud auffangen und filtrieren. Den Safran im Muschelsud auflösen und diesen mit Salz und Pfeffer abschmecken. Das Muschelfleisch aus den Schalen lösen und in den Sud geben. Einige ungeschälte Muscheln zum Garnieren beiseite legen.

Inzwischen die Ditalini Rigati und die Kartoffelwürfel in reichlich kochendem Salzwasser kochen, bis die Nudeln knapp bissfest sind, dann abgießen und sofort zu den Muscheln geben. Das Ganze zugedeckt noch etwas köcheln lassen, bis Pasta und Kartoffeln gar sind.

Das Gericht auf vorgewärmten Tellern anrichten, mit der Petersilie bestreuen, mit Pfeffer übermahlen und mit dem restlichen Öl beträufeln.

ALTERNATIVE SORTEN

Das Rezept ist auch mit diesen drei Pastasorten optimal: Mini Farfalle, Gnocchetti Sardi und Conchigliette.

MINESTRONE GENUESER ART MIT DITALINI RIGATI

ZUBEREITUNGSZEIT: 30 Minuten
KOCHZEIT: 30 Minuten
SCHWIERIGKEITSGRAD: LEICHT

ZUTATEN FÜR VIER PERSONEN

150 g Ditalini Rigati von Barilla
90 g Porree
70 g Staudensellerie
200 g Kartoffel
150 g Zucchini
80 g Karotten
100 g Fenchel
100 g Paprika
100 g Brokkoliröschen
100 g Brokkoli Romanesco
100 g Blumenkohlröschen
4 Stücke Rosenkohl
80 ml natives Olivenöl
150 g Rinde von Parmigiano Reggiano
Salz

Für das Pesto
15 g Basilikumblätter
100 ml natives Olivenöl (möglichst aus Ligurien)
Salz
1/2 Knoblauchzehe
5 g Pinienkerne
30 g geriebener Parmigiano Reggiano
20 g geriebener reifer Pecorino

Das Gemüse putzen, waschen und in Würfel schneiden. 2 Liter Wasser aufkochen.

In einem Topf 50 ml Öl erhitzen, das Gemüse dazugeben und 4-5 Minuten unter ständigen Rühren anschwitzen. Das kochende Wasser hineingießen, die Parmigianorinde hinzufügen, alles aufkochen lassen und bei schwacher Hitze mindestens 15 Minuten köcheln. Die Suppe mit Salz abschmecken, die Pasta dazugeben und in rund 8 Minuten bissfest kochen.

In der Zwischenzeit das Pesto zubereiten. Das Basilikum waschen, trockentupfen und zusammen mit dem Öl, 1 Prise Salz, dem geschälten Knoblauch und den Pinienkernen im Mixer oder mit dem Pürierstab zerkleinern. Anschließend den geriebenen Käse hinzufügen und das Pesto gut mischen.

Am Ende der Kochzeit der Pasta die Minestrone auf 4 Suppenteller verteilen und mit 1 TL Pesto pro Portion anrichten, mit dem restlichen Öl beträufeln und mit einem Stück Käserinde garnieren.

ALTERNATIVE SORTEN
Mit der Minestrone, einem großen Klassiker der italienischen Küche, können Sie auch andere Pastasorten verwenden wie Farfalline, Pipette Rigate und Ditaloni Rigati.

SALAT MIT DITALONI RIGATI BROKKOLIRÖSCHEN, KICHERERBSEN UND GARNELEN

ZUBEREITUNGSZEIT: 45 Minuten
KOCHZEIT: 11 Minuten
SCHWIERIGKEITSGRAD: MITTEL

ZUTATEN FÜR VIER PERSONEN

350 g Ditaloni Rigati von Barilla
250 g Brokkoliröschen
200 g vorgekochte abgetropfte Kichererbsen
12 Garnelenschwänze
80 ml natives Olivenöl
eine Knoblauchzehe
20 g gehackte Petersilie
Salz

Die Ditaloni Rigati in reichlich kochendem Salzwasser garen. Wenn sie noch sehr bissfest sind, den Kochvorgang unterbrechen und sie abkühlen, indem sie kurz unter fließendes kaltes Wasser gehalten werden, dann sorgfältig abgießen. In eine große Terrine gießen und mit etwas Öl begießen, damit sie nicht verkleben.

Den Brokkoli putzen, in Röschen teilen und in kochendem Salzwasser bissfest abbrühen. Sofort in Eiswasser abkühlen und abgiessen.
Die Garnelenschwänze säubern und in Stückchen schneiden, in einer Pfanne mit einem Esslöffel Öl und der ganzen geschälten Knoblauchzehe anbraten, die dann entfernt wird.

Die Ditaloni mit den Garnelen, den Kichererbsen, den Brokkoliröschen, dem restlichen Öl und etwas Petersilie mischen und wenn nötig mit Salz abschmecken.

ALTERNATIVE SORTEN
Dieser Nudelsalat kann auch mit anderen Pastasorten wie Conchiglie Rigate, Mezze Penne Rigate und Vollkorn-Fusilli zubereitet werden.

VOLLKORN-DITALONI RIGATI MIT TREVISO-RADICCHIO UND ASIAGO

ZUBEREITUNGSZEIT: 30 Minuten
KOCHZEIT: 12 Minuten
SCHWIERIGKEITSGRAD: LEICHT

ZUTATEN FÜR VIER PERSONEN

350 g Vollkorn-Ditaloni Rigati von Barilla
100 g Treviso-Radicchio
20 g weiße Zwiebel
15 ml natives Olivenöl
10 Walnusskerne
100 g Asiago
50 ml süße Sahne
30 g geriebener Parmigiano Reggiano
Salz und Pfeffer aus der Mühle
4 Blätter Basilikum

Den Radicchio waschen, trockenschleudern und mit einem scharfen Messer in feine Streifen schneiden. Die Zwiebel schälen und fein hacken. Das native Olivenöl in einer Pfanne erhitzen und die Zwiebel darin glasig schwitzen. Den Treviso-Radicchio dazugeben und einige Minuten mitgaren, dann salzen und pfeffern.

Inzwischen den Asagio in kleine Würfel schneiden. In einer Kasserolle den Asiago mit der Sahne schmelzen, den geriebenen Parmigiano Reggiano dazugeben und die Sauce mit Salz und Pfeffer abschmecken. Nun die die Mischung mit dem Pürierstab mixen und warmstellen.
Die Vollkorn-Ditaloni Rigati in reichlich kochendem Salzwasser bissfest kochen und abgießen. Die Pasta zusammen mit den Walnüssen und dem grob zerzupften Basilikum zum Radicchio geben, alles gut vermischen und mit Salz und Pfeffer abschmecken.

Die Pasta auf vorgewärmten Tellern anrichten und die Asiagocreme darauf verteilen.

ALTERNATIVE SORTEN

Anstelle der Vollkorn-Ditaloni können Sie auch normale Ditaloni Rigati, Conchigliette und Pipette Rigate wählen.

FLEISCHBRÜHE MIT FARFALLINE UND KARTOFFELN

ZUBEREITUNGSZEIT: 3 Stunden
KOCHZEIT: 8 Minuten
SCHWIERIGKEITSGRAD: LEICHT

ZUTATEN FÜR VIER PERSONEN

300 g Farfalline von Barilla
300 g Kartoffeln
1 Zwiebel
1 Stengel Staudensellerie
1 Karotte
1 Bund Petersilie
300 g Rinderbauch
500 g Rinderknochen
1/2 Masthähnchen
20 g Pfefferkörner
2 Lorbeerblätter
grobes Salz

Die Zwiebeln schälen, den Staudensellerie und die Karotte putzen und waschen. Das Gemüse klein schneiden. Die Petersilie waschen. Das geputzte und gewaschene Gemüse und die Petersilie in einen großen Suppentopf geben und 5 Liter kaltes Wasser angießen.

Das Fleisch, die Knochen, das Masthähnchen, den Pfeffer und die Lorbeerblätter dazugeben, alles aufkochen und etwa 3 Stunden bei schwacher Hitze zugedeckt kochen lassen. Immer wieder mit einer Siebkelle den Schaum abschöpfen, der sich auf der Oberfläche bildet. Nach der Hälfte der Kochzeit salzen. Inzwischen die Kartoffeln schälen und in kleine Würfel schneiden. Die Fleischbrühe am Ende der Garzeit durch ein feines Sieb gießen und das Fett abschöpfen 2 Liter Brühe in einen kleineren Topf geben, mit Salz und Pfeffer abschmecken, aufkochen und die Kartoffeln darin garen.

Nach ca. 5-6 Minuten die Farfalline hinzufügen und nach Herstellerempfehlung bissfest kochen. Die restliche Brühe anderweitig verwenden.

ALTERNATIVE SORTEN
Diese Suppe ist auch mit anderen Suppennudeln hervorragend wie Ditalini Lisci und Stelline.

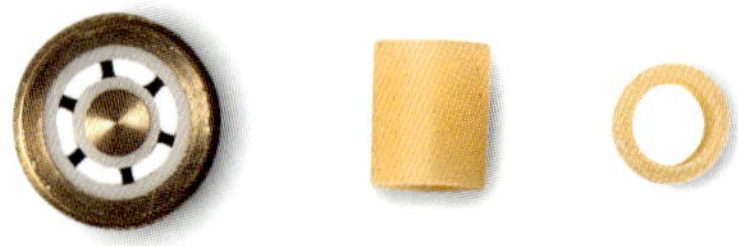

MEZZI CANNERONI MIT LINSEN, WIRSING UND WURST

ZUBEREITUNGSZEIT: 1 Stunde und 15 Minuten
EINWEICHZEIT: 12 Stunden
KOCHZEIT: 10 Minuten
SCHWIERIGKEITSGRAD: MITTEL

ZUTATEN FÜR VIER PERSONEN

350 g Mezzi Canneroni von Barilla
150 g Linsen
200 ml Rotwein
25 g Zucker
150 g Wirsing
30 g Staudensellerie
30 g Karotte
30 g Zwiebel
1 Zweig Rosmarin
50 ml natives Olivenöl
1 Lorbeerblatt
300 g Bratwurst
Salz und Pfeffer aus der Mühle

Die Linsen über Nacht in reichlich kaltem Wasser einweichen, in reichlich ungesalzenem Wasser weich kochen, abgießen und warm stellen.

In einem Topf den Wein mit dem Zucker bei mäßiger Hitze sirupartig einkochen und warm stellen. Inzwischen Wirsing, Staudensellerie und Karotte putzen und waschen. Die Zwiebeln schälen. Den Wirsing in Streifen, das übrige Gemüse in kleine Würfel schneiden. Den Rosmarin abzupfen und die Nadeln fein hacken. Das Öl in einer Kasserolle erhitzen, das Gemüse mit dem Rosmarin und dem Lorbeerblatt dazugeben und anschwitzen. Die Wurst pellen und das Brät in Stücken zum Gemüse geben. Das Ganze einige Minuten lang braten, bis die Wurststücke etwas Farbe angenommen haben, dann die gekochten Linsen daruntermischen, nach Bedarf etwas heißes Wasser angießen und das Ganze mit Salz und Pfeffer abschmecken.

Inzwischen die Mezzi Canneroni in reichlich kochendem Salzwasser bissfest kochen, abgießen und abtropfen lassen. Die Pasta auf vorgewärmten Tellern mit der Wurst-Gemüse-Mischung anrichten und mir der Weinreduktion beträufeln.

ALTERNATIVE SORTEN

Für dieses rustikale Gericht eignen sich auch Gnocchi, Conchiglie Rigate und Pipe Rigate.

RISONI MIT EINER CREME VON DICKEN BOHNEN UND FRITTIERTEN BROTKRUMEN

ZUBEREITUNGSZEIT: 50 Minuten
KOCHZEIT: 6 Minuten
SCHWIERIGKEITSGRAD: LEICHT

ZUTATEN FÜR VIER PERSONEN

350 g Risoni von Barilla
100 g Zwiebeln
500 g dicke Bohnen (frisch oder tiefgefroren)
100 g altbackenes Brot
50 ml natives Olivenöl
1,5 l Gemüsebrühe
Salz

Die Zwiebeln schälen und hacken. In einer Pfanne 30 ml Olivenöl erhitzen und die Zwiebel darin anschwitzen.

Die blanchierten und geschälten dicken Bohnen dazugeben und einige Minuten mit anschwitzen, dann die warme Brühe angießen. Das Ganze salzen und die dicken Bohnen ca. eine halbe Stunden kochen lassen.

Sobald sie weich sind, mit dem Pürierstab zu einer nicht zu dicken Creme mixen.

Das Brot zerkleinern und mit dem restlichen Öl in der Pfanne goldbraun braten, bis es knusprig ist.

In der Zwischenzeit die Risoni direkt in der Bohnencreme bissfest kochen. Mit den frittierten Brotkrumen bestreut servieren.

ALTERNATIVE SORTEN
Für dieses Rezept müssen so genannte „Suppennudeln" verwendet werden. Alternativ zu den Risoni werden Eier-Grattini, Midolline und Eier-Risi vorgeschlagen.

RISONI MIT AUBERGINENCREME

ZUBEREITUNGSZEIT: 15 Minuten
KOCHZEIT: 6 Minuten
SCHWIERIGKEITSGRAD: LEICHT

ZUTATEN FÜR VIER PERSONEN

300 g Risoni von Barilla
1 kg Auberginen
1 Bund Basilikum
Salz
500 ml Gemüsebrühe
schwarzer Pfeffer aus der Mühle
30 ml natives Olivenöl
Öl zum Frittieren (auf Wunsch)

Die Auberginen waschen, schälen und in relativ große Stücke schneiden. Das Basilikum waschen, trockenschütteln und in grobe Stücke schneiden. In einem Topf reichlich Salzwasser aufkochen und die Auberginenstücke darin in etwa. zehn Minuten weich garen.

Die Auberginenstücke mit der Schaumkelle aus dem Kochwasser nehmen und mit der Brühe, dem Basilikum und einer Prise Salz und Pfeffer im Mixer pürieren, bis eine flüssige Sauce entsteht.

Die Auberginensauce mit den Risoni in eine Topf geben und die Pasta darin bissfest kochen. Bei Bedarf etwas kochendes Wasser zugeben. Das Gericht mit Salz und Pfeffer abschmecken und das Olivenöl darunterrühren.

Nach Belieben mit sehr dünn geschnittener und wenige Sekunden in heißem Öl frittierter Auberginenschale garnieren.

ALTERNATIVE SORTEN
Zu diesem Rezept passen Suppennudeln gut. Anstelle der Risoni können Sie Sorten wie Midolline oder Eier-Grattini verwenden.

STELLINE MIT GRÜNEM APFEL, ROSINEN UND MANDELN

ZUBEREITUNGSZEIT: 30 Minuten
KOCHZEIT: 7 Minuten
SCHWIERIGKEITSGRAD: LEICHT

ZUTATEN FÜR VIER PERSONEN

250 g Stelline von Barilla
70 g Rosinen
2 grüne Äpfel
Saft von 1 Zitrone
100 g Mandeln
etwas Salz
80 ml natives Olivenöl
20 g gehackte Petersilie
Salz und Pfeffer

Die Rosinen in reichlich Wasser geben und darin 10-15 Minuten quellen lassen, dann in ein Sieb abgießen und leicht ausdrücken.

Die Äpfel waschen, in Scheiben schneiden, ohne sie zu schälen (sie können nach Belieben auf in Würfel geschnitten werden) und mit dem Zitronensaft beträufeln.

Die Mandeln grob hacken und in einer Pfanne ohne Fettzugabe leicht anrösten.

Die Stelline in reichlich kochendem Salzwasser bissfest kochen, abgießen, in eine große Schüssel geben und mit 15 ml Öl begießen und gut durchmischen, damit sie nicht verkleben.

Die Pasta mit den Äpfeln, den Rosinen und den Mandeln mischen. Den abgegossenen Zitronensaft der Äpfel mit dem restlichen Öl, Salz, Pfeffer und der Petersilie aufschlagen. Die Pasta auf Tellern anrichten, mit der Sauce beträufeln und mit den Mandelstückchen bestreuen. Diese Pasta kann auch kalt serviert werden.

ALTERNATIVE SORTEN

Für dieses Rezept sind Sorten kleiner Pasta ideal wie Ditalini Lisci, Farfalline und Eier-Grattini.

REZEPTREGISTER

REZEPTREGISTER

REGISTER DER ZUTATEN

ACADEMIA BARILLA.
BOTSCHAFTER DER ITALIENISCHEN GASTRONOMIE

Academia Barilla wird 2004 in Parma mit dem Ziel gegründet, den wahren Geist der regionalen italienischen Kultur und Küche zu schützen, zu entwickeln und zu fördern. Vor dem Hintergrund des Grundprinzips, dem sich die Mission dieser renommierten Institution verschrieben hat, und zwar des "Essens als Kultur", bietet Barillla passionierten Laien und Profiküchenchefs aus aller Welt eine Rundumschau über Italien, die folgendes umfasst: technische Ausbildung, Spitzenqualitätsprodukte, önogastronomische Erfahrungen und Dienstleistungen für Firmen.
Der Sitz in Parma sollte den Erfordernissen der Ausbildung auf dem Gebiet der Ernährung entsprechen und ist daher mit den multimedialen Einrichtungen ausgestattet, die für die Ausrichtung großer Veranstaltungen benötigt werden: rund um ein formidables gastronomisches Auditorium vereint er ein internes Restaurant, ein polysensorielles Labor sowie 18 mit den modernsten Technologien ausgerüstete Küchen. In der Gastronomische Bibliothek werden über 11.000 Bände zum Thema und eine außerordentliche Sammlung historischer Speisekarten und Drucke über die kulinarische Kunst aufbewahrt: das enorme Kulturgut der Bibliothek kann per Internet konsultiert werden und ermöglicht den Zugriff auf Hunderte von digitalisierten historischen Texten.
Dieser hochmoderne Ansatz und die Mitwirkung eines Teams international renommierter Dozenten garantieren eine breit gefächerte Palette an Kursen, die den Ansprüchen sowohl von Profi- wie einfachen Hobbyköchen gerecht werden. Academia Barilla veranstaltet darüber hinaus auch önogastronomische Reisen in Italien, um den Teilnehmern die Gelegenheit zu geben, die Erfahrung der italienischen gastronomischen Kultur voll auszukosten.

www.academiabarilla.it

MASSIMO MONTANARI

Prof. Massimo Montanari lehrt Mittelalterliche Geschichte an der Facoltà di Lettere e Filosofia (Fakultät für Geisteswissenschaften und Philosophie) der Universität Bologna. Von 2000 bis 2005 war er Direktor des Fachbereichs Paläographie und Mediävistik. Er hat in zahlreichen europäischen Ländern, Japan, den Vereinigten Staaten, Mexiko und Kanada Seminare und Konferenzen abgehalten. Für den Verlag Cooperativa Libraria Universitaria Editrice Bologna leitet er eine Verlagsreihe (*Biblioteca di Storia Agraria Medievale*). Weiterhin ist er Berater und Mitarbeiter des Verlagshauses Laterza. Er zählt zu den Gründern der vom Institut Européen d'Histoire et des Cultures de l'Alimentation (IEHCA, Tours) herausgegebenen Zeitschrift "Food & History", deren Direktor er bis 2008 war, und ist Mitglied des Wissenschaftlichen Komitees des IEHCA. Ferner gehört er dem Direktorium des „Centro Italiano di Studi sull'Alto Medioevo in Spoleto" (italienisches Studienzentrum für das Frühmittelalter) an.

1997 gründete er gemeinsam mit Kollegen von anderen italienischen Universitäten das der Agrargeschichte gewidmete „Centro di studi per la storia delle campagne e del lavoro contadino" mit Sitz in Montalcino (Siena), dessen Präsident er ist. 2001-2002 richtete er an der Fakultät für Geisteswissenschaften und Philosophie der Universität Bologna den Masterstudiengang „Storia e cultura dell'alimentazione" („Geschichte und Kultur der Ernährung") ein, der in der Folge in einen europäischen Masterstudiengang mit einer Dauer von zwei Jahren umgewandelt wurde und in Zusammenarbeit mit den Universitäten Tours (Frankreich) und Barcelona (Spanien) stattfindet. Seit etwa zwanzig Jahren leitet er vor Ort (60%) und italienweit (40%) Forschungsgruppen zu Themen im Zusammenhang mit der Agrar- und Siedlungsgeschichte und dem Verhältnis zwischen Stadt und Land.

SÄMTLICHE FOTOGRAFIEN GEHÖREN DER ACADEMIA BARILLA, AUSSER:

Ferwulf/123RF: Seite 62
Svetlana Kolpakova/iStockphoto: Seite 184
Fuat Kose/iStockphoto: Seiten 128 und 226
Giancarlo Polacchini/iStockphoto: Seiten 42 and 95
iStockphoto: Seite 210
RedHelga/iStockphoto: Seite 108
Mario Savoia/123RF: Seiten 270-271
Liubov Shirokova/123RF: Seite 256
Susan Trigg/iStockphoto: Seiten 2-3
Fabrizio Troiani/123RF: Seite 214
Valentyn Volkov/iStockphoto: Seite 144
Anna-Mari West/123RF: Seite 198

WS WHITE STAR VERLAG

WS White Star Verlag® ist ein geschütztes
Markenzeichen der De Agostini Libri S.p.A.

Via G. da Verrazano, 15 - 28100 Novara, Italien
www.whitestar.it - www.deagostini.it

Übersetzung und Redaktion Deutschland: Soget, srl

ISBN 978-88-6312-173-5

1 2 3 4 5 6   17 16 15 14 13

Gedruckt in China

I ♥ love Pasta